太极拳技击解密系列之三

太极拳实战心法

张武俊 著

人民体育出版社

前 言

　　古兵家言：拳之一艺，虽属小技，而进乎道。所谓道，就是真理，天地规律。道可道，非常道。道，实在不好表述，也难以形容。是故陈鑫在写《太极拳图说》时有这样的感言："千言万语难形其妙，当场一演，人人可知可晓，落于纸笔皆成糟粕，形于手足，亦成迹象。而更非迹象，无以显精神，犹之非糟粕无以写义理。"然而，不说就不能传承自己的练拳思想和主张，不写就不能发表自己的练拳心得体会和见解。正如孟子所云："能与人规矩，不能使人巧。"也就是说，只能把太极拳理和练拳体会写出来，为大家提供世界观和方法论的指导，而要想得到功夫，则需要明师口传心授，更要靠自己练。

　　在学练太极拳的过程中，我们除了向师傅学习，以及和高手切磋之外，还要到生活中"悟"。太极拳修炼到一定程度，更要向社会、向大自然汲取养分，其实，大自然是我们最好的老师。

　　自然界形形色色的生物都有着各自奇异的本领，供人类学习借鉴。人类也特别聪明，能够效法天地，远取诸物，近取诸身，创造神奇。古代人们看到动物的鳞甲就创造了屋顶的瓦楞，看到锯齿草便发明了锯，看到鸭子的蹼就发明了船桨。如今随着科技的进步，人们看到鸟儿飞翔就给自己安装上了翅膀，从蜻蜓的飞行形态中受到启发发明了直升飞机，从天鹅的飞行形态中发明了空中客机，从燕子的轻灵敏捷形态中发明了战斗机等。模仿动物爪子发明了铲车和挖掘机，从贝壳的外壳坚硬状况中发明了坦克、装甲车，从鱼在水中的自由升降游走中发明了潜艇和轮船等。每一次科技进步，每一种发明创造无不是遵循仿生学原理，在大自然中获得灵感、受到启发和熏陶的结果。学练太极拳也不例外。本书所写"实战心法"其实说的是人们在实战中运用的智慧、战略战术、技术技巧。武圣人关羽之所以杀颜良诛文丑，温酒斩华雄，过五关斩六将如探囊取物一般，不是写关羽如何能打能杀，而是说他运用智慧来完成这些别人看来难以完成的任务；孙悟空之所以能在众师兄弟中脱颖而出，后来居上学到了筋斗云、七十二般变化，写的不是他如何刻苦训练，最后成就武功，而是说他有悟性，师父敲他后脑瓜三下，他就知道半夜去找师父学到了武艺；鲁提辖拳打镇关西之所以胜得轻松，不是写莽汉鲁提辖见到镇关西上去就打，靠蛮力取胜，而是先让他一次又一次的剁肉馅，先累他个半死之后再打，从而轻松取胜。以上所述本书比比皆是，这就是"心法"，也是本书的核心所在。

人类在征服自然、改造自然的斗争中，为了防身自卫保护家人或家族的安全，他们向生物链顶端的动物学习，模仿其攻击、扑食时的动作本领，创造了拳术拳法，如猴拳、蛇拳、鹰爪拳等，形意拳的十二形是效仿十二种动物形态创编成的。陈式太极拳大架除去重复的招势，仅有四十个式子，而以动物命名或象形取意的式子就有十多个：金刚捣碓、金鸡独立、白鹅亮翅、高探马、野马分鬃、猿猴献果、雀地龙、下步跨虎、当头炮、全炮捶等。单鞭也是象形取意，曰：单鞭如常山之灵蛇，击首则尾动，击尾则首动，击中间则首尾皆动。摆莲脚是形容其动作如风吹莲叶飒飒一片之意。这些招势动作无不来源于生活，来源于社会，来源于征服自然改造自然的斗争实践。太极拳练到高级阶段就是谈天说地，接天之气，借地之力，以为我用。从天地间寻找灵感，从日月山川中提炼精气神，从宇宙天体的运行中感悟拳理，武功从大自然中得来，再运用到大自然和社会中去。

本书的第一部分，笔者试图用万物类象或取象类比的原理和方法，把生活中某些与太极拳有关的现象与太极拳动作联系起来，通过生活中的太极原理去表达、阐述太极拳理，让人们在潜移默化中受到启迪，这也是我在《太极拳能速成吗》一书中对拳友们的承诺。

在阅读太极拳书籍的过程中，我发现理论性的多，如拳理、拳论、拳诀、拳谱等，实战用法类的少。而实战用法类书籍中讲招式招法的多，讲招势劲法的少。为此，我结合近些年的交手经验，写成本书的第二部分。这一部分直指太极拳的核心、本质和灵魂、精髓，直奔太极拳的主题，即拆拳讲劲用招实战。不仅讲了用招、取势、找劲、谋局，还讲了对敌作战的战略战术和克敌制胜的技术技巧等。

本书第三部分写的是太极拳修炼层次品格的路径，即训练的方法步骤。这方法不是什么高招、秘法，而是简单得不能再简单的基本功训练。必须扎扎实实，一步一个脚印地练出来，从而也提示出大道至简之哲理。

"纸上得来终觉浅，绝知此事要躬行"，我愿与拳友们一起交流学习本书中的实战招势与劲法。我的联系方式为：

电话：15116938972　13836335758

邮箱：zhangwujun5758@163.com

QQ：1651360499

张武俊

2017.1

目 录

生活处处见太极
　　——以事明理入道 ………………………………………（1）
　　一、意念的力量 ……………………………………………（2）
　　二、从孔子学琴故事想到的 ………………………………（3）
　　三、观熊小姐表演产生的灵感 ……………………………（5）
　　四、电话号码里的太极密码 ………………………………（7）
　　五、太极思维与爱神之手 …………………………………（8）
　　六、初识太极拳 ……………………………………………（9）
　　七、初试太极拳 ……………………………………………（10）
　　八、初使太极拳 ……………………………………………（12）
　　九、读名著得到的启发 ……………………………………（13）
　　十、倒看《西游记》偶得 …………………………………（19）
　　十一、拳与乐 ………………………………………………（22）
　　十二、高手隐遁在我乡 ……………………………………（24）
　　十三、王宗岳《太极拳论》之添足辞 ……………………（27）
　　十四、伸手抓飞鸟之真正体验 ……………………………（29）
　　十五、走出太极拳的误区 …………………………………（32）
　　十六、太极拳技击的几种境界 ……………………………（35）
　　小　结 ………………………………………………………（41）

直指太极拳
　　——拆拳、讲劲、用招、实战 …………………………（43）
　　一、从太极拳起势和收势说开去 …………………………（44）
　　二、金刚捣碓 ………………………………………………（45）

1

三、懒扎衣 ……………………………………（53）

四、六封四闭 …………………………………（57）

五、单鞭 ………………………………………（59）

六、白鹅亮翅 …………………………………（60）

七、斜行单鞭 …………………………………（61）

八、搂膝 ………………………………………（66）

九、上三步 ……………………………………（68）

十、披身捶 ……………………………………（71）

十一、双推手 …………………………………（76）

十二、肘底捶 …………………………………（79）

十三、倒卷肱 …………………………………（81）

十四、闪通臂 …………………………………（84）

十五、云手 ……………………………………（89）

十六、高探马 …………………………………（90）

十七、左右擦脚 ………………………………（95）

十八、左右蹬一根 ……………………………（96）

十九、击地捶 …………………………………（97）

二十、二起脚 …………………………………（98）

二十一、护心拳 ………………………………（101）

二十二、旋风脚 ………………………………（103）

二十三、披架 …………………………………（105）

二十四、小擒打 ………………………………（106）

二十五、抱头推山 ……………………………（112）

二十六、前招后招 ……………………………（114）

二十七、野马分鬃 ……………………………（117）

二十八、玉女穿梭 ……………………………（119）

二十九、摆脚跌叉 ……………………………（122）

三十、金鸡独立 ………………………………（123）

三十一、十字脚 ………………………………（125）

三十二、猿猴献果 ……………………………（127）

三十三、雀地龙 …………………………………………（128）
三十四、双摆莲 …………………………………………（130）
三十五、五大捶 …………………………………………（133）
三十六、太极拳招势动作知多少 ………………………（135）
小　结 ……………………………………………………（136）

大道至简
——双人基本功训练 ……………………………………（139）
一、肩胸部训练 …………………………………………（140）
二、肩背部训练 …………………………………………（141）
三、胯部训练 ……………………………………………（143）
四、膝部训练 ……………………………………………（144）
五、腿部训练 ……………………………………………（147）
六、背部训练 ……………………………………………（149）
七、前臂训练 ……………………………………………（151）
八、手臂训练 ……………………………………………（152）
九、搬拦手训练 …………………………………………（156）
小　结 ……………………………………………………（157）

生活处处见太极
——以事明理入道

一、意念的力量

　　意念属意识形态的范畴，是形而上的东西，指人的精神、思想、想法等。意念是个很神奇的东西，没有时空性，可以想到哪儿就到哪儿，想哪儿是个什么样就是个什么样，你想可上九天揽月、遨游太空就可去月球、去太空；你想可下五洋捉鳖就可以去海底探险；想鸡蛋带把就带个把。也正因它如此神奇，人类才能进步，也正因人们有丰富的想象力，才有了飞机、大炮、电视、火箭以及家用电器等供人类享用的工具，如今神舟飞天、嫦娥奔月、蛟龙潜海已成现实。太极拳就是以意念为主的高级运动。在太极拳的修炼过程中，意念尤为重要，它是"帅"，是灵魂，是"精髓"。拳论中说的"用意不用力""意气君来骨肉臣""一片神行"都是指意念，太极拳练到了高级阶段，就是意念统领动作。

　　"林暗草惊风，将军夜引弓。平明寻白羽，没在石棱中。"说的是飞将军李广射虎的故事。《史记》中《李将军列传》记载："广出猎，见草中石，以为虎而射之，中石没镞，视之石也。因复更射之，终不能复入石矣。"意思是有一天李广外出打猎，远远看见草丛中有一只老虎，就拔箭射去。随后走过去一看，原来是块石头，所射之箭却已经射入石头里了。李广随后对石再射，却再也无法射入。这个故事充分说明了意念的力量是非常强大而神奇的。记得1981年末当兵到部队看的第一个电影是《少林寺》，也由此在中国上下引起了一股武术热潮。部队里开始有很多人每天练功夫。我也跟着凑热闹，别人练单手砍砖，我也跟着学。通过一段时间的练习，我看到别人能砍断砖了，心想你能我也能，因此一鼓气一使劲，我也真的把砖砍断了。从此以后，我就真能砍开砖了。这事也就过去了，随之也就忘了，直到1986年我上大学时，与同寝室的同学提及此事，同学都不信，叫起真来，有好事者真从外面找了一块砖来，让我砍。我当时犹豫了一下，心想三四年没砍了，能不能行啊，结果这一犹豫，让我丢尽了面子。当我右掌落下时，砖没断开，我的小手指却砸出个血泡来，被同学们好顿取笑。时光荏苒，到了20世纪九十年代我已在市委组织部工作。一天，我们会计拿着一整块干巴巴的肥皂怎么也掰不开，很多人帮忙也没掰开，正好我从外面进来，抢着说我来，我接过肥皂垫在桌沿上，上去就一掌，啪，很轻松肥皂开为两半，会计一边拣起地上的半块肥皂，一边说真有功夫。事后把这几件事联想起来分析，在部队时砍砖是因为别人砍开了，为此自己有信心，又通过训练，所以能砍开；在学校时因为没有训练又犹豫了，意念不够坚定，所以没砍开；在组织部工作时，因为当时认为砖曾经都砍开过，一个肥皂肯定没问题，信心十足，所以也就砍开了。

还有一次，取四张玻璃，当售货员递到我手里时，我没有多想就拿起来了，两只手没带手套。当两个大拇指与其他手指捏起玻璃时，才感觉玻璃很沉又滑，稍微有点往下滑，虎口处已割破点皮，这时如果放下，手上肯定要割坏，当时就抱定一个信念：一定要擎起来，绝不能把手割坏。果然把玻璃放到了四五米远的车上，当我放下玻璃时，不知是吓的还是累的，出了一身汗。此事十五六年过去了，每每想起来就后怕，事后总结也感到是意念的力量，才没割坏手。练太极拳也一样，意念最重要，用意不用力此皆是意。说来也怪，当你发放人时，你想（感觉）能将这人发放在一米的距离时，这人就能让你发放到一米远，你想（感觉）将这人能发放到三米时，这人就真能让你发放到三米远。如果你感到这人太胖怕发放不出去，只要一犹豫，真就发不出去。

二、从孔子学琴故事想到的

随着时代的发展、社会的进步、人均生活水平的提高，人们的健康意识也在逐步提高。练习太极拳的人数也不断上升。据相关资料统计，目前世界上习练太极拳的人数达3亿人之多，但绝大多数人的练拳模式都是先学简化24式再学42式、48式、88式、108式，然后学习扇子、剑、拂尘等。使那些想要学练真功夫的人感觉到，虽然一天天练下来，套路学了不少，但总感觉不到有长进，得不到拳中的真谛，会陷入到练拳的迷茫中。正应了那句话"练拳不练功，到老一场空"。

著名学者于丹在《趣品人生》一书中讲了《史记》里记载的一则孔子学琴的故事，我们不妨从孔子学琴的事例中感悟一下练拳的方法，看看能得到什么启发？能掌握什么道理？

孔子在鲁国向著名的琴师师襄子学琴，一首曲子学了十几天，孔子还不要求学新曲子。师襄子就跟他说："你学得差不多了，咱们往前学吧。"

孔子说："丘已习其曲矣，未得其数也。"我是了解这个曲子了，但尽善尽美的演奏技巧，依然还未学到。于是再悟再练。

又过了一段时间，师襄子说："你现在已得到其技巧了，咱们往前学吧。"

孔子说："丘未得其志也。"我弹奏的技巧已很娴熟了，但依然未能把握曲中的深意，不知道寄托何在？于是继续悠悠习曲。

再过一段时间，师襄子说："你已经得其志了，可以学新的曲子了。"

孔子说："丘未得其为人也。"我终于明白它的寄托何在了，但我一定要知道什么人才有这样的寄托。依然继续操曲不已。

直到有一天，孔子豁然长叹："我终于能看见这个人了！他是一个高瞻远瞩，志向远大的伟丈夫。这个人肤色黝黑、目光如炬，放眼天下，这样一个统治四方诸侯的王者，不是周文王，还能是谁呢？"

师襄子听后立刻离席，给孔子深深鞠躬，说："您说对了，记得我学这首曲子时，老师曾经告诉我，这首曲子就叫《文王操》。"

此故事让我感悟到精通琴艺，与会弹多少曲子并没有必然的关联。同理，练拳增长功夫与会多少个套路关系不大。我国近代太极拳界有很多大家都是一生只练习一个套路，同样功夫了得。就如同白杨树一样，笔直的干、笔直的枝，绝无旁逸斜出，几年的工夫就长成参天大树；而柳树虽能垂下千万条绿丝绦，却无一条能成才的。所以专注于一个套路，顺着套路往深里练，去体会太极的原理和劲道的变化，渐渐你会发现你身体的某些方面会有明显的变化。从健康、养生角度说，你的身体由弱变强，精力充沛了，疾病减轻或消失了；从技击的角度看，你会感到手、眼、身法、步有了质的变化，眼到、手到、身子到，对敌作战或拳友切磋，你都会信心十足，从容应对；从意识形态层面讲，你的世界观、人生观、价值观也发生了改变，感悟到了人生之真谛，心胸开阔了，对功名利禄、钱财名位看淡了，急性子变得柔和下来，软弱的变得坚强起来，处理事情能考虑得更全面。

当然掌握的东西越多越好，但切忌贪多嚼不烂。如果只是会练套路而不求甚解，那么会练的套路再多也没有用，何况我们的精力有限，不可能把一天的时间都用在练拳上。所以我们在有限的时间内怎样才能把拳练好，怎样才能真正掌握一套拳，像孔子学琴那样学会一套拳是值得大家思考的。例如，在招式上，怎样一招化出十招来；在用法上，攻上三路的招怎样让他用在下三路；在劲的变化上，体会如何将平圆变立圆，左右旋转怎样变成上下旋转，变成左右、上下、前后齐旋转。再如，怎样练才能功力强、气力壮、技法好；怎样练才能练到"两肾滚滚如汤煮，腹内松静气腾然"；怎样练方能周身肌肤骨节处处开张，全身经脉通畅无阻等。这些都是需要从一个套路中去练去悟的，而不是多练几个套路就能练出来的。如果你学了一套又一套，还没有掌握太极拳的精髓，那么，倒不如让我们跟随圣人的脚印前行，只专注于一套拳的习练，或许这就是一条通天的捷径。

三、观熊小姐表演产生的灵感

在武林中流传着这样一句话：形意拳的拳，八卦掌的步，太极拳的腰。意思是说形意拳很讲究手法，八卦掌的步法很有特点，太极拳的腰非常灵活。而拳论上有关太极拳腰的论述着实很多，也很突出，如：命意源头在腰隙，刻刻留心在腰间，源动腰脊转股肱，车轮两命门[①]，主宰于腰，等等。尽管先贤大家们把太极拳的腰提到了重中之重的位置来阐述，我也百思不得其解，看着拳论发呆。如何刻刻留意在腰间，为什么命意源头在腰隙，怎样才能主宰于腰呢，车轮两命门，应是平转还是立转，等等。然

---

① 命门：腰眼。

而机缘就是那么巧，一次看黑熊表演，让我大开眼界，恍然悟到了，那就是在黑熊的腰上找到了答案。

人们都把黑熊叫大笨熊。意思是说黑熊看上去很笨的样子。说实话，这家伙一点都不笨，不但不笨而且特别的灵活。它的灵活劲就是在腰间体现的。2004年夏季，携妇提子到牡丹江三道关风景区游玩，顺便去了这里的黑宝熊胆药业的黑熊基地。在这里观看了一场熊小姐艺术表演，其中的一个套圈节目，深深地吸引了我。只见一个好几百斤重的黑熊在驯养员的指导下直立着两条腿走上台来，腰前挂着个小肚兜。之后，驯养员手里拿着十个直径一尺左右的圈，距黑熊五米左右远，一个一个向黑熊上方扔了过来，只见黑熊既不上步，也不出手去配合，而是像小姐一样，扭扭捏捏地转动腰肢来调节手的角度、位置和距离。那圈一个一个都串进了黑熊的两个熊掌上了，到最后一个圈扔过来时，只见黑熊一缩脖子，那圈便不偏不倚正正好好地套在了黑熊的脖子上，巧妙极了。我非常高兴，心想我的腰要是练到这个份上，那太极拳不就成了吗！紧接着是熊小姐骑自行车。只见一群熊小姐，每个都骑上一辆自行车在台上转圈。那不慌不忙、悠然自得的样子着实让人喜欢。但熊小姐骑自行车与人不同。人骑自行车是用两手转动车把手来控制平衡，掌管方向的，而黑熊小姐则不然。熊小姐是用两个后腿蹬车子，两个前肢只往车把上一搭（只起依扶作用），用腰来掌控平衡和方向。就好像淘气的年轻小伙子骑自行车时两手抱膀，手不把把手，用腰来掌握平衡和方向一样。此时此刻的我似乎才真正懂得了太极拳理和虎背熊腰这句话的含义了。

说来也巧，此事过后没有多久我去镜泊湖（火山口）地下森林虎园又一次接触到了黑熊。因为有了上次的了解，便很自然地对这东西有兴趣。一见到黑熊就走了过去，只见一个二三百斤的小黑熊懒散地趴在铁栏边上，头朝里两个后掌挨着铁栏。我便随手拾起一根二十厘米左右的小木棍去捅熊掌。刚开始黑熊没反应，接着捅，黑熊不情愿地抬抬头，回头瞅瞅我，见我停了，于是把头低了下去。我再次去捅那只熊掌，只见那黑熊稍微抬一抬头，然后突然转腰忽悠一下便拧了过来，啪！就是一熊掌，从铁栏的空隙间打出，我激灵一下把手和头缩了回来，由于是蹲着捅它的，所以躲闪幅度不大，膝盖上的裤子被熊掌擦了点边。要不是有铁栏拦着，我一定会被熊掌拍上。至今回想起来还心有余悸，记忆犹新。不过这样也好，黑熊那灵活的腰身和快捷的身手，我清晰地印到了脑际，永远抹不掉，故此，我也从黑熊那里学了一手，拧腰捋捌反弹手。由于速度极快且是来回劲，所以用于对付来拳特别好使、管用、有效。

四、电话号码里的太极密码

　　世界上任何事物都是普遍联系的，而且事物内部之间又是相互影响、相互制约的。比如历史典故：唇亡齿寒，围魏救赵，城门失火、殃及池鱼。民谣：大河有水小河满，小河无水大河干；螳螂捕蝉，黄雀在后，等等。甚至有时，看似风马牛不相干的两个事，却能联系起来，而且联系得是那样的密切。例如：电话号码与太极拳能有什么关系呢？它们之间不应该有什么关系？我家的电话号码是7689000，看起来与太极拳根本联系不上，而事实恰恰相反，有一天我正在写材料，朋友来电话并问我家的电话号，我边回答边很自然地在纸上写着电话号码，当放下电话低头看到我写的6和9时，不小心把6和9写近了，连在一起了，结果呈现在我眼前的是变成两个阴阳鱼的太极图，即☯了。我不觉愣在那里，怔怔地看着它。渐渐地这阴阳鱼转了起来，又好像电视里天气预报中的风云气象图，我不自觉显得激动起来，当时我想8一定与太极拳有关系，因为人体在做转腰移重心的动作时，四肢划圆自然产生"∞"字。再仔细画分8，正是太极图中间的一正一反的S线，再往下看时，"000"这不是太极图的外圆吗？更代表着空吗？这不正是《授秘歌》里的无形无象、全身透空吗？这让我更加兴奋起来，再次低头看689000这几个数时，这不是赵堡拳论中讲的背丝扣吗？这6和9是肢体内旋（即向心力）时的运行轨迹，可叫缠丝扣；8和0是肢体外旋时（即离心力），延切线方向的运动轨迹，可叫背丝扣。我高兴至极，双手抱头，身体靠到老板椅上，心想这几个数很有意思，就差前面这个7了，这个7总不会与太极拳有什么关联吧？如果这个7要与太极拳有关联该有多好啊！那么这电话号码不正是给我这个太极拳爱好者准备的吗？想着想着不自觉地向左、向右转头看看，看着看着，我又呆住了，这左右上

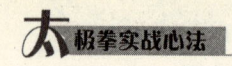

抬的肘与两臂构成的夹角不就是阿拉伯数字7吗？我不自觉地两手抱着肩沉思起来，心想这不就是生活处处见太极嘛。当我又一次看两臂时，使我更加惊诧了，抱着肩所构成的两臂，仍然是7呀，我应当马上记下来，当我拿起笔时，又一次惊讶地发现，这拿笔的手与肘构成的不还是7吗？当我撂下笔来放下手，转动着在腰间的手臂时高兴地自言自语地说，谁说这7与太极拳没关系，这不正是掩手肱拳吗！那么将7689000总结归纳后：7就是基本功；689就是太极拳动作的运行轨迹；000则是高级境界，无形无象，揭示太极拳修炼的步骤、层次和方向。当我将这一事情与大师兄说时，他说：这挺有意思的！不过，这缠丝扣也好，背丝扣也罢，在实际上怎么应用啊？我与他两手相搭呈单推手状，我稍往下压，当大师兄上顶时，我顺劲照脸上划了过去，嘴上说：这不是6吗？大师兄说：嗯，是。我们再次搭上手，我稍用劲向前推，待大师兄顶劲时，我手腕向下一翻照腹部划去，嘴里说：这不是9吗？大师兄高兴地说：嗯，有点意思！

五、太极思维与爱神之手

太极思维也叫太极理念，通常与人们的日常观念不一致，人们在社会生活中已产生了思维定势，这种思维定势就好比列宁说的"千百万人的习惯势力最可怕"一样，不好改变，是出窑的砖，已经定型了。就好像狼孩一样，他接受了狼的思维，便有了狼的习性，爱叫、咬人、不爱穿衣服等，要想让他改变是很困难的。我们也是如此，要想改变大脑思维，就好比装满水的杯子，要想再往里装东西，必须把水倒出去，要想换成太极思维、太极理念，那么，必须把已形成的思维定势更新换代，换成太极思维，也叫太极理念。有了太极思维或太极理念，也就掌握了太极拳的精髓，这无异于找到了爱神维纳斯那支断了臂的手，并且触摸到了她的皮肤。

我在前本《太极拳能速成吗》一书中写练拳体会时，第一条就是转变观念天地宽。这一点我要感谢老范，他经常给我讲太极理念。比如大禹治水的故事，不要拦河筑坝要顺水疏导才行，逆水行船，不如顺风扬帆，顺水行船。北燕南飞时，之所以排列有序，是因为这样可以减缓阻力，等等。其实这些道理我们早就知道，认为自己能理解了，为此不屑一顾，甚至有点烦，认为多余，这道理孩子都知道，还要对我讲，但是真正交手时这些道理就忘得一干二净，即便想着这个理去搭手就是不好使，无效果。原因是还要有个从心知到身知的过程。当太极理念在心里扎根了，根深蒂固了，才能转变为行动。在这个过程中，我要感谢教剑的刘振河师父，是刘师父把我"打"出来的。这种打，是真打。但，是留着手的打，说痛不是特别痛，说不痛也挺痛。身上也是青一块紫一块的。其实不这样做，我的听劲、懂劲功夫出得不会这么快。这个过程我用了100天的时间。练剑时更是这样，手腕上始终是青紫的，我的学员称旧伤未愈新伤又添。只有这样你才能练出潜意识、下意识来，练出听劲来，不期然而然，莫知至而至。交手时你才有好的身手，且是人人都想见到的爱神维纳斯的绝妙之手。

六、初识太极拳

孩提时在小人书里得知有一种拳叫太极拳。在我的印象中太极拳动作缓慢，是老年人早晨在江边、公园里锻炼身体的一种运动。真正开始了解、注意并且使我想学太极拳的是1999年电视里热播了一部电视剧《太极宗师》。但当时对主人公那种借力打力、四两拨千斤、发人于丈外的功夫，说实话我还不相信，认为是艺术夸张。直到2003年6月，我与朋友来到牡丹江市里的一个太极拳俱乐部并亲眼看到时才对太极拳是武功，可以将人发放于丈外深信不疑了。那天我与赵姓好友去武馆，说是去学习太极拳，但两人心里却是半信半疑的。到馆后赵姓好友找机会与老师较量，目的是想探个虚实。老师与赵姓好友拉开架式，两手互相握在对方的两肘窝上，开始前后、左右较力。只见老师寻了个机会便把赵姓好友腾空飞起，发放出去。要不是老师双手拽着不放，赵姓好友飞出丈外是不成问题的。即使是这样，赵姓好友的脚被摔疼了有一个多月才好，当时我就下定了学习太极拳的决心。

馆里有两位50岁左右的中年人每天在练拳，这两人的功夫很好。记得第一次与老范搭手，老范右手牵着我的左手，向我胸前连续进攻，连着打了一掌、一肘，又用肩靠了一下，说痛还不是特别痛，说不痛还很痛。给我的感觉是很烦人，他那种粘、黏、连、随的功夫，让你上前也挨打，向后也挨打，走还走不脱，想使劲与之对抗，还使不上劲，烦人透了。老范告诉我这就是太极拳。后来练拳时一有时间我就找他体验一下这种感觉，实际上这就是老范在懂劲之后运用的粘黏连随、借力打力、四两拨千斤的功夫。

与老邓搭手的感觉同老范不一样。老邓与我搭手时感到轻灵，不知不觉中便站立不稳，失去重心，只要一用力，就好像下楼梯一脚踩空了似的，如临深渊的感觉，渐渐地我理解了这种方法的原理，就是引进落空的功夫，也是一种很好的化劲功夫。

当初在练太极拳起势时，有人说太极拳起势也实用，有人说太极起势不能用。我在查看资料时，看到过太极起势能用，可我自己练太极起势没有感觉，也不知道怎么用，便来请教老师。老师用左手将我左手后，左脚上步套住我前（左）脚，右手与右脚同时向前，右手打向我左肋，右脚前蹭，将我打倒在地；我站起来后，老师再次将我左手，这次是上步套住我的后脚跟，右手与右脚同时向前，将我打倒在地；我站起来后，老师又一次用左手将我左手上步欲套我后脚，我感觉到后正欲退步，老师的前脚便踩住了我的后脚，让我后退不了，右手与右脚同时向前，将我打倒在地……就这样老师只用太极拳起势一连打了我五个跟头，而且每次都不一样，手法、身法特别灵活巧妙，非常自然，不死板，给我的感觉是"搭手即抢先上先"，后来到我懂劲后才认识到，这是老师的听劲功夫，非常高超，否则是做不到搭手就抢先上先的。

七、初试太极拳

我是在2003年6月开始正式学习太极拳的，到2004年10月才把套路学完，学拳时我的肢体动作特别不协调，在学拳的人中我觉得我是最笨的一个，但记得准，大多数招法已经记住，用得比较活，悟性也很好。老师评价说我很有灵性。记得刚学完套路不久的一天，在武馆里与小崔交流，小崔与我搭手，我以为是划圈推手，然而小崔搭手后即上步用右脚套我左脚，我便就势一个斜行单鞭，左手搂起其右腿，右手搭其脖子上，向右转腰发劲将其扔了出去。小崔站起来问我刚才用的是什么招？怎么用？我便告知他：当抱起腿后，重心左移，以身体左侧为轴，以右手为半径自然向右转腰发劲即可。小崔要求再试一次，我说可以，然而这次小崔已有了防范和准备，当我向右转腰发劲时，小崔不给劲而往回挺，我便很自然反向发劲，将小崔结结实实地打倒在地。小崔起来后问个中缘故，我便详细告知，这招用的是正反劲或左右劲。当向右发劲你不给劲，即顺你劲力向相反方向发劲，借力打力。小崔要求再试，当我左手勾住其右腿，右手搭其脖子时，小崔用手下挡，不让搭，我便顺其下按之来力，右手向其右腿胯根（窝）打去，将其打倒在地，小崔起来问还有什么办法？我说有，左手搭其右腿，右腿上步插套其左脚跟，腰向左转将其甩了出去……

  2005年五一放假，我到武馆练拳，这时我对拳架的招法多数都比较熟练，劲路也基本清楚，手感已经很不错了，但尚未真正懂劲。到武馆后我正坐在武馆的地上与老师交谈，来了一大一小两个女子。大的五十岁左右，小的三十多岁。师父指着小的对我说你们都是"好战"派的。正好那三十多岁的女子一边走上前来，一边说：咱也看看陈式太极拳摔人是个什么样子。话里带着不相信和毫不在乎的神情，我看是个女的，坐在地上没动，这时师父又说你俩都是"好战派"的，切磋一下。那女子对我说：今天我也感觉感觉陈式太极拳摔人是个什么样？我听明白了师父的意思，很不情愿地站起来，那女子便上前与我搭手划圈，划了几圈后那女子便用力前推，我就势向下一个采捋，那女子便倒在了地上。我顺手将其拉起来，那女子感觉莫名其妙，还要试。我便左手抓其左手，右脚上步，右手缠绕其左肘下，一个后招将其打翻在地，怕其摔坏左手没有撒手。就这样我一连摔了她五个跟头，直到她坐在地上怎么也拉不起来为止。通过交谈得知此女子姓宋，是学习杨式普及推广套路的，此前她根本不相信太极拳能打人。这两人问我学习多长时间了，这时我学拳差一个月整整两年。其实太极拳只练还不够，还要悟，边悟边实践才行。我这时只是招熟，懂劲程度

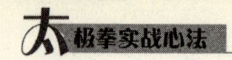

不是很高，只是掌握动作要领，把这几招遇到谁就跟谁试一试，包括比我强的和不如我的。

八、初使太极拳

太极拳是武功一点不假，太极拳能防身我也知道，但我从来没想到过有一天能使用上，会派上用场。即使是在使用（出手）的一刹那，主观上也没有使用的概念。那是2004年春节后的一天深夜，我与刚从韩国回来的战友回家，路过一网吧时，见一中年男人将一青年女子从网吧里拽出。那女子边挣扎边喊：我不认识你。那男人打了女子两个耳光，女子便喊救命……我和战友上前拉架，那男人要与战友动手，我便凑了上去解围。左手抓住那男人正抓着女子头发的左手，右手搭在其左肩上，自觉不自觉地做懒扎衣动作，即左手顺缠下按，右手逆缠前推，那男人感到受制便左肩向后猛挣，我下意识右手一反手，同时腰向右转发劲，那男人便向身后飞了出去。说实话当时我心中暗自兴奋，我并不知道能将他发放出去，也没想将他发放出去，因为我当时练太极拳才八个多月。也正是这件事，使我对太极拳产生了浓厚的兴趣，促使我勤奋而努力地钻研太极拳了。

2006年4月初，有几位领导干部找我学太极拳。我不好推辞，于是在江边公园教太极拳，结果没几天，前来学拳的人数就达到了二十来人，很快发展到五十多人，最多时一百多人。四月中旬的一天早晨，有一名五十岁左右的男子找我切磋，交谈中得知此人姓刘，习练黑虎拳、形意拳二十多年。这时我已懂劲，我俩搭手时，他感到处处被动，当时有人挑唆说你俩比试比试。此人出其不意就向我出手，他左手护拨，右手随之打出。情急之下，我用捋捌反弹手，化过来拳便打到他的脖子上。我以为点到为止了，可此人不肯善罢甘休，继续用上次的招法，我也还用前法应对，这次我弹到了他右眼上，也是想点到为止。可这老刘以为我没有劲，连续进攻我右侧，我只好用上三步退步化解，右腿挨了一脚。第二天他又来和我推手，我俩右手相搭，老刘上来就想使全力将我推倒，我则向右后方采挒，结果老刘来了个嘴啃地。事后老刘也来学太极拳并说出了心里话。他练黑虎拳、形意拳二十多年，在这小地方尚未遇到过对手。以前总是出手没几下就把别人打坏了，这次为了试我，他事先与我搭手后感到了不行，心里就想不能让我抓住，形意拳讲究硬打硬进无遮拦，故此，上来就是一顿乱拳，看你怎么办？结果也没占着便宜。感到太极拳确实很好，所以决心要学。

这件事虽未吃亏，但也没占到多大便宜，我也进行了反思总结。一是在"真枪实弹"中，没有经验，缺乏心里准备；二是以后不能一律待人，点到为止要看是什么人，对不熟悉、不知其来意的人不能轻易出手，如果临阵对敌出手就得狠点，出手就把对方打倒才行，不然吃亏的将是你自己。看来老前辈们说的"上场不让步，出手不留情"才是硬道理。

九、读名著得到的启发

生活处处见太极，只要你留心，随时随地都会发现太极原理，并能感知到太极原理。学习太极拳可以跟老师学，与师兄弟学，从专业书本上学，在生活中学。读书也一样，可以学到太极拳的原理、功夫精髓和真谛。这一点我深有体会，收益颇深。《水浒传》里的一百零八将，个个活灵活现，武功高强，值得学习；《西游记》里的师徒四人和妖怪也值得学习；《三国演义》里刘备的五虎上将等更值得学习。

（一）从武松"三不敌"想到的

人们一提到打虎英雄，武松的形象便跃然纸上，生动鲜活，勇武过人，老少皆知，耳熟能详，他的玉环步、鸳鸯腿更是独步武林，绝对是一大英雄。然而，金无足赤，人无完人，就是这样一个能把老虎打死的英雄也有技不如人的地方。著名小说、戏剧评论家金圣叹在评《水浒》时说：武松有三不敌，即拳不及蒋门神，脚不及西门庆，轻功不及飞天蜈蚣王道人。尽管如此，他们还是被武松一个一个地杀掉了。这就给人以思考，给人以启发。究其原因那就是武松智商、情商高，能力强，综合素质好。就好比我们国家虽然处在发展中国家行列，但综合国力强，国际地位显著一样，面对强敌，可以举全国之力，避实击虚，以长击短，针对敌人的短处，一一克之。

我在武松的身上是受到启发得到益处的。那是 2009 年 6 月上旬的一天，我与一位高手交手。那日我与往日一样在江边领着学员们练完拳，大家逐渐散去。这时过来一人与他认识的人搭话，然后，就讲自己功夫如何了得，经常把街道上的小痞子、混混收拾一顿，前几天又将公安局的某人一肘打倒坐在地上起不来……之后，又将拳头在空中挥舞着并发着弹抖劲，后来就向我挥舞过来，并冲到我面前踢了两腿。面对这样的粗人硬汉，面对我的十多位尚未散去的学员，我不得不应战了。因为一个多月前此人已来过一次，到我们场地后趴在地上就做了六十个俯卧撑，而且是用拳头作支撑，指关节已经磨出了厚厚的茧子。经农电局胡局长介绍得知，该人姓郑，已下岗，在农电局晚上做门卫。我客气地说：很有力量，我只能做二十个（俯卧撑）。听我这么说，郑某介绍自己是练散打的，打出来的，街道上的小痞子、公安局的经常被他收拾。说完在空中挥舞着拳头发劲，很有力道。后来，有人介绍，郑某五十出头，至少在 1976 年就开始练拳了。每天早晚都在一中院内训练单杠、双杠、双腿蹦台阶等，而且是风雨不误，比常人坚持得都好，其父曾任公安局一把手、检察院一把手、法院一把手多年，位高权重，有一定的社会基础，有很多朋友，多的时候有百十号弟兄，在我市是个有影响的人物；还有人介绍说郑某认为在我市他的功夫是第一的，无人能及；等等。于是，我便接过郑某的话茬说：你这功夫是行，但分对谁，我指着身边的大槐树说，"你打它行，打我不行，为什么呢，因为树是死的，人是活的"。这话正中郑某下怀，他赶紧说那试试，我答：来吧，话未说完，他的拳头已挥了过来，我转身右手化过来拳，心想这拳头挨上一下就够受的，难怪他说的那些人会不堪一击呢。我运用了平时练习的猫步和技巧，如影随形，他进我退，他停我又回到他身前，但步法回落的位置极具技巧性，他挥拳时别扭；踢腿时我的腿就在他的脚前，可就是别别扭扭地踢不着，他不动，正好在我的攻击范围还怕我打他，所以他就得拼命地发劲，挥空拳，反倒消耗气力，我趁空当留着劲，蹬了他膝部二脚，他便泄了气不打了。停下来后，犯嘀咕，心想怎么就踢不上打不着呢？问我搞突然袭击、冷不防行吗？我答可以。过了一会，他绕到我的左侧后挥拳便打，我仍然转身走化来拳，玩猫戏老鼠的游戏，大约过了五六分钟，直累得他的强势劲头已过，心想该出手了，正好他的左拳挥来，我退步右手向左侧走化，紧接着他的右拳又来到，我退步左手向右侧走化，就在他上步转肩要再次出左拳但尚未出拳而左脸先转过来并将脸部递上来的一刹那，我右拳向他的腮帮子弹去，尽管是留着劲，他当时就丧失了战斗力。我笑着说："还打不？再打就打坏了，坏了就做不成哥们了，不做哥们就没意思了。"接着说："看看你累的，上气不接下气的，再看看我大气都没喘一下，还是跟我练太极拳吧。"郑某虽粗却很直率，此后他与很多人说"确实打不过我"输得心服口服，反倒把我的名声给抬起来了。我俩成了好朋友。我的学员（就是跟我说郑某功夫在本地是第一的那个），这时又当我面反说，郑某不行。我告诫说：不能说郑某打不过我，就说人家不行、就说人家不是高手。其实郑某确实有实力，尤其他的功力是很棒的。要知道强中更有强中手，一山更比一山高。现在回想起来，若不是向武松那样学习、扬长避短、扬长克短、扬长补短，以我之长、攻彼之短，是不可能取胜的。如果跟他硬碰硬，我肯定也是敌不过的。

（二）孙悟空的"悟性"

提起《西游记》孙悟空保护唐僧西天取经的故事人人皆知，威名远播。我们知道他神通广大，有七十二般变化，功夫非凡。虽然是神话传说，但个中道理是真实可信的。孙悟空之所以能在很短的时间里，在学武的人群中脱颖而出，除了他的品质、天分外，一个最重要的原因，就是他有"悟性"，有"灵性"。他的品质让师父认可，他的天分让师父喜欢，他的悟性深深地打动了师父。师父在他的后脑瓜壳上敲三下，他就能领会夜半三更去师父处，其实师父也是考察他是否有这个悟性，有这个灵性，亦或有这个缘分，是否孺子可教。故此师父教会他上乘武功，在师兄弟中脱颖而出。在师父收的首批七个弟子中，我是与师父接触时间最短的一个。记得2005年春节，在师父家聚餐时，其中有一位师兄端起酒杯向师父敬酒时说:"师父我今年得出功夫了,我已经跟着你二十年了。"当时我很吃惊,心中暗想二十年了,人生有几个二十年呀!我怎样能够在最短的时间里快出功夫呢?我的优势是文字综合能力比较强,师父的劣势是文化层次不高。正好师父想写点东西,这重任就自然而然地落到我的头上。大约有半年的时间,我帮师父写出了基本功训练、简化二十四式、太极十三势、三十二捯等大量资料。在写作期间有不明白的我就随时请教师父,我写作都是在夜深人静的时候,不会时都电话联系,记得通话最多一次一个多小时,因为要写好每一个动作都需要精准的字来表述,为了写好材料我首先要向师父请教清楚明白了才能动笔,这样我在努力付出劳动的同时,师父也将练功的真实感受很自然地传授给我,让我在形成文字时更准确地把握,就这样我在写成资料的同时也自然而然地得到了太极拳的真功夫。其实太极拳这东西说难也真难,说简单也很简单,关键在悟性。只要你遵照太极拳的原理去学习、练拳,去为人处事,那么功夫上身是迟早的事。比如说,我的长处与师父的劣势,我的辛勤付出与师父的真实体会不就是太极拳原理之精髓吗!

　　交手也一样,我们拜师后,师父要求在没有懂劲之前,不要到外面去试手,但师兄弟之间可以切磋交流。我在县城距市里三十公里,我是每周一次到市里学拳。一次我刚到武馆,五师兄想在我面前露一手刚学的我还不知道的招式,结果搭手时被我不知不觉地给走化掉了。五师兄就去找三师兄,让三师兄跟我过招,因为师父之前有可以在师兄弟间交流的话,所以三师兄过来时,他一伸手,我就打了他一个搬拦手。他没有及时防范,再次伸手,我重复上次动作,弹在了他的右眼部。他劲头一起窜了上来,我起脚踢裆,结果他没躲闪,我怕踢坏,只好改道踢在他前腿上。紧接着,随着身势我打出个披身捶,他还没有走化的意思,我只好再次改着换式,顺势将手搭在他的脖子上,并将他按倒在地。他起来后仍往上窜,我就用右擦脚的截法,阻挡他的进攻……后来,三师兄说我共踢了他十三脚。其实,三师兄练太极最早,功力比我强多了,只是他用起来比较机械,师父教个一他就记个一;我的功力差,但善变化、灵活,师父教个一,我可以揣摩出个三来。高功贵悟,三师兄被打了两次搬拦手和一个劲猛攻,存在轻敌和只刚缺柔的问题;被截十三脚,属简单机械,缺乏活变,都不符合太极之理。所以是再而衰，三而竭。比如说，披身捶和右擦脚，师父在给做示范时，都是打上节用的，但你要揣摩到打中节和打下节怎么用才行，关键是要悟到。心里悟到才是真。只有悟到了才能运用起来顺手有效。要知道老师给你的是什么，老师给你的一个动作或一个招式，是经他千锤百炼后，反复验证过的最正确的用法，免得你再去费那千百次的劲了，而我们要悟什么，我们要悟出一个招式怎么样变化出三个或更多的招式和用法来，这样才能融会贯通，达至上乘。练太极拳就需要有这样的悟性。

（三）"武圣人"关羽的智慧

在《三国演义》里作者下功夫最大、人物刻画最形象、润色最生动、笔墨用得最多的是武圣人关羽。杀颜良、诛文丑、温酒斩华雄、过五关斩六将、千里走单骑，而这么一连串艰难的任务，关羽完成得是如此轻松。请看[①]，斩杀颜良一节，"公奋然上马，倒提青龙刀跑下土山，将盔取下放于鞍前，凤目圆睁，蚕眉直竖，来到阵前，河北军见了，如波开浪裂，分作两边，放开一条大路，公飞奔前来。颜良正在麾盖下，见关公到来，恰欲问之，马已至近，云长手起，一刀斩颜良于马下"。文学作品虽有虚构，可其理千真万确。那么，曹操的大军在颜良面前连折二员大将，无人敢战，为何关羽上去，却如此顺利，杀颜良如探囊取物一般？分析一下，首先，关羽将头盔取下，是使诈，兵者，诡道也。因为古代武将取下头盔，表示不交战的意思，河北兵一时没有反应过来，以为是来传话的或谈判的，所以，才有"河北军见了，如波开浪裂，分作两边，放开一条大路，公飞奔前来"。另外还有原因，原来颜良辞袁绍时，刘玄德曾暗嘱曰："吾有一弟，乃关云长，身长九尺五寸，须长一尺八寸，面如重枣，丹凤眼，卧蚕眉，喜穿绿棉战袍，骑黄彪马，使青龙大刀，必在曹操处，如见他，可叫急来。"因此，颜良见关公来，误以为他来投奔，这才有颜良"恰欲问之"。还没等颜良反应过来，云长手起刀落，就这样颜良阴差阳错

[①] 参考了《逝去的武林》之"唐门忆旧"部分的最后一篇《别来几春未还家》之"温酒斩华雄"的写法。

地丢了性命。关羽杀颜良其实是用的智慧和胆略，是大勇。他巧妙利用了战争中的规则，能算出小兵们的心理盲点，是大智。关羽并不是没有实力，而是没有必要浪费精力、体力去大战三百回。从关羽杀颜良、诛文丑、斩华雄、过关斩将等过程中不难看出，不是说关羽武艺如何了得，而是体现他的智谋、胆略、勇气等综合因素，正应了那句话"君子性非异也，善假与物也"。所以只有关羽才能被评为武圣人。

　　与人交手也要有心计用智慧，盲目与敌动手容易吃亏，鲁提辖拳打镇关西是这么干的，他假装买肉，让镇关西切了一包又一包，先把他累了个半死再打他。很多流氓无赖也这么干。这就要求我们向关羽学习，做到智勇双全，才能立于不败之地。流氓无赖的心思得知道能预防才行。这一点我是有过教训的。2008年冬天的一个中午，有人按响了我家的门铃，我问谁，来人报上姓名，我说不认识，对方说开门进去就认识了。我接待了这两位不速之客。来人说是来收我武馆供热费的。我与朋友在市里的步行街广场一侧租了三楼的一个楼层做武馆，是八百平方米的新楼层，开发商尚未销售出去，我们租下正好合适，合同上已写明是免供热费的。听我说明原因后，来人说一同去看看合同，结果果然如我所说。来人同我一块下楼，走出门外后，上前跟我说，他也练过，现在是专门给人要账的。我没有接茬转身要走，结果这人拉住我的手，我看有比试一下的意思。说实话，我不想同他交往，加上对他去我家不请自到的行为很反感，我回过身来，说，你真行吗？就在两人相互搭手的一瞬间，我使了一个海底翻花把那人翻倒在我的身后，事后他说不知道是怎么被扔出去的。那人起来伸左手要抓我右肩，我顺势用单鞭的钩子手从他的腕部回抒，迅速抓住他的小手指。他向外拽了两下，没有拽出去，说，我这小指一万，意思是如果给他弄伤了，要我讹一万，我说：一万就一万，我边说边往下掰他小手指头，他只好单腿跪地求饶，我松开手，转身要走，他又伸左手拉住我的右手，我只好转身，但就在我转身还没转过来的时候，他的右手已从上向我的脸部打下来，我躲闪不及，还是挨了一下。也是这年的五月份，我到牡丹江北山公园练拳兼学八卦掌的走圈。有一人与我学八卦掌的老师熟悉，对我指手划脚。此人曾向我的师父学过太极拳，后来又练了形意拳和大成拳。当听说我也练太极拳时，让我练一下看看，出于礼貌，我停下走圈，从起势做到单鞭停下来。此人对我的师父有意见，就对我挑毛病。说：也没看你练得怎么样？我说练套路看不出什么，他又问我：你会搬拦手吗？我说知道。他不容分说，在五米之外，飞身进前，来到我的左侧就是一记搬拦手，我迅速转身右手捋化回身弹抖，打在他的脖子上，因为不好意思往脸上打。此人一个高蹦上来，又是一记搬拦手重复上次动作，这回我没客气捋化后，回身反弹打在他的右眼上。两次被打后，此人仍不肯善罢甘休，像打了鸡血似的向我扑来，两手出拳如捣蒜，连续进攻。我用小架云手走化反打，他进攻一次，我打他一次，他连续进攻，我连续打。他看不行踢来一脚，我用小腿迎接才算作罢。我以为打完了，正要转身撤出，他左手拉住我的右手，我正要转身回头尚未回转过来时，他的右手从上向我的脸部打下，我躲闪不及，因为右手被他牵着，左手在身后来不及接应，只能头向后仰，他牵我右手向前带，结果脸部挨了一下。我有点冲动，指着他说：你再这样，我就不客气了。他马上夸我，说我练得不错、很好之类的话。通过解释、沟通、交流，得知他和我叔叔在同一个单位。后来他跟我说出了心里话，说他在北山除了有两个大家都知道的有名的人物外，他没遇到过像我这样的手。也指出了我的不足，说我太狂了。

这两次比试教训深刻，让我深深记在心里，为了在以后的任何交手中，不再被打到，我都非常警惕，外似处女，内心盘算，因为你不知道对手是啥目的、啥想法、啥人品。自从总结了这两次交手的经验教训之后就再也没有吃过这样的亏，甚至没有再被打到过一下。回想老辈们讲的"上场不让步，出手不留情"真是经验之谈，否则吃亏的是自己。但这样也存在问题，那就是得罪人，李小龙、孙禄堂、马维琪为此都得罪了不少人，也为此付出过代价。进入21世纪，时代在发展，社会在进步，我们习武之人也需要思考在交手时，如何做到既能赢了对手又不得罪人，并成为朋友才行，这更需要武圣人关羽的胆识和智慧。

十、倒看《西游记》偶得

一次浏览网页，偶然看见一则故事："清华教授说如果把《西游记》

倒过来看，其实更精彩。如来派师徒四人带上八部天书和小白龙去东土大唐传教，在一路上遇到了各种妖怪，打来打去发现他们都是有后台的，无论怎么作恶都不受惩罚，八戒和沙僧觉得太黑暗了，无奈一个躲进了高老庄，一个钻进了流沙河，只有悟空坚持正义一路斩妖除魔护送师父东去传教。结果天庭对悟空实在忍无可忍就和如来达成协议——我们可以保证唐三藏平安到长安，不过你得把孙悟空这个刺儿头给办了，如来同意了，在一番阴谋之下，白龙重伤坠入山涧，悟空败了，被压在了五指山下，而唐三藏却抛弃了孙悟空，孤身来到长安，在长安传完教，被封为御弟，享受完荣华富贵，寿终正寝。就这样过了五百年，悟空终于从五指山下逃了出来，一声不吭，把天庭搅了个天翻地覆，天庭被逼无奈许诺让猪八戒化为人身，封为天蓬元帅，沙和尚封为卷帘大将，只要他们能够杀掉孙悟空。最后的最后，因为兄弟相残而心灰意冷的悟空去寻找菩提祖师解惑，然后他封印了修为，如意金箍棒扔进了东海化作定海神针，回到花果山，陪着猴子猴孙过完了平凡的一生，最终在花果山的山顶化作了一块石头……这才是真正的社会。"故事编辑得很有意思，内容情节暂且不说，单说这种逆向思维方式就让我灵光一现，激发出很多灵感。把这些灵感运用到太极拳修炼中，产生了意想不到的效果。

放大套路架子。前辈大师们常说，练习太极拳应该圈越练越小，从大圈到小圈，由小圈到无圈，这样才越来越有进步。我在想，平日里我们看到影像资料里的太极拳都是名家们练成后形成的架子，他们学拳之初，一定也是划圈划得很大，如果把现在所学的拳架放大，练习起来可能效果会更好，学习起来更方便更快捷。于是我将太极拳的整个拳架从头到尾进行了放大复原，结果放大复原后的"大架"果然舒展大方、漂亮大气、优美洒脱、优雅飘逸，丹田之气自然下沉，既八面支撑又八面灵活，行拳走架，如长江大海之水，一浪连着一浪，一片大雅风规。行家们看了都说有大家风范。此前人们普遍印象："院校派的架子中看不中用，传统派的架子中用不中看。"说的是各大体育院校所练太极拳架注重动作的舒展大方，很漂亮，但大多不能用于技击实战；一些农村老拳师的架子注重"得意忘形"，能够用于实战技击，但不好看，缺乏美感。而通过逆向思维，放大后的太极拳架，取以上二者之所长，兼容了两者的优点，达到"既中看又中用"。不但美观有观赏性，而且能够技击，具实战性。

快速开肩胯。太极拳界普遍认为，太极拳欲求懂劲要先求开肩开胯。肩胯打开了，如弹簧一般，手臂和胯关节圆活自如，才能懂劲，从而登堂入室。而开肩开胯一般需要三至五年的时间。有位名家这样写道："手臂能不能松柔圆活，关键在于肩关节能不能松开。当然松开肩关节要在意识引导下，经过相当时期的锻炼才能逐渐做到，不能一蹴而就。""练太极拳时，上身的关键在于肩，下身的关键在于胯，肩松则肘、腕自然松柔，胯松则膝、踝自然松柔。"还说开肩大约需三年时间，开胯大约需五年时间。意思是胯比肩更难打开。那么先求开肩开胯，再求松柔岂不更好，如同熬煮中药，先大火开锅，然后小火慢煮，药效才会更好。于是我通过"二转肩"（见拙著《太极拳能速成吗》第26页）训练，进行开肩训练；通过"胯部缠丝"（见拙著《太极拳能速成吗》第50页）训练，进行开胯训练，果然在半年之内，成功地完成了开肩开胯。实践证明，快者一个月，中者三个月，最慢的半年也能达到，大大节省了时间，而且效果特别好。开肩开胯后，你的感觉就不同凡响、非比寻常了。

倒推十三势。《太极拳谱》里面记载，太极拳释名：太极拳，一名长拳，又名十三势。

长拳者，如长江大海，滔滔不绝也。十三势者，分掤、捋、挤、按，采、挒、肘、靠，进、退、顾、盼、定也。掤、捋、挤、按，即坎、离、震、兑，四正方也；采、挒、肘、靠，即乾、坤、艮、巽，四斜角也。进步、退步、左顾、右盼、中定，即金、木、水、火、土也。此五行也。合而言之，曰十三势。

太极拳释名告诉我们，手运八方，脚踏五行。手脚的协调配合构成了"八门五步十三势"。那么，从何处下手练，是摆在我们初学者面前的首要问题。按照逆向思维，把握十三势中的最后一个字——"定"，是太极拳入门的捷径。中定贯串于进退、顾盼、虚实变化的始终；中定贯串于每一个式子的始终；中定贯串于太极拳整个套路的全过程；中定贯串于推手、打手过程的始终。也就是在练拳用拳的过程中，随时随地、分分秒秒、时时处处都处在中定之中。只有这样，你才能八面支撑，中正安舒，保持平衡，稳如山岳，处处得机得势。否则，你就会站立不稳，歪斜别扭，为人所乘。

按照以上方法进行基本功训练、套路习练，进步非常之快，不出三年必达懂劲程度。与人交手论技，随时保持中定身形，就会处处得机得势，处于不败之地，如此，我不是赢家，谁是赢家。

十一、拳与乐

我对太极拳与音乐的关系的认识大体经历了三个阶段，即拳非拳，乐非乐阶段；拳是拳，乐是乐阶段；拳即乐，乐即拳阶段。

对于练拳，过去一点不会，一次偶然的意外，使我开始练太极拳并且爱上了她；对于音乐，我一窍不通，既不会识简谱也不会五线谱，而且五音不全，从小到大唱不出一首完整的歌。谈论音乐，说实话我无发言权。最初的练拳是在音乐带的伴奏下，练习太极拳。随着音乐节奏的快慢，时而舒展时而紧凑；随着节拍的变化时而低沉婉转，时而高亢激昂，亦或忽而欢乐，忽而愤怒，忽喜忽悲，忽愁忽忧。感觉不是在练拳，好似在歌伴舞。而且是以音乐为主体，随着音乐的旋律来练拳，其实就拳的本身而言也像文章的布局一样存在着平、辅、叙、发、收，有平叙、有高潮、有跌宕起伏。本应该以练拳为主，本应该让音乐随着拳的节奏、节拍而行，结果成了喧宾夺主。虽然也有拳和乐配合很好的曲子或时候，但当初无论怎样，总感觉这练拳又好像不是在练拳，这配合的音乐好像不是真正的音乐。通过分析最主要的原因是对拳的不理解、不认识，对音乐的陌生造成的，处在初级阶段。后来渐渐对音乐有了进一步的了解，不知不觉对音调有了感觉，慢慢地能哼上一二首音域不宽、调门不高的歌曲来，对拳的认识也进一步地加深了，无论是拳与乐、乐与拳都能合着拍节练习太极拳了。但仍然体会不到巍巍乎于高山，潺潺兮于流水的感怀，也感觉不到对《广陵散》已成绝响的惋惜，也理解不到《琵琶行》里满座闻之皆掩泣的哀怨伤感，仍有拳非拳、乐非乐的感觉。

直到后来拜师后，才真正理解领会了什么是太极拳，这个时候才能真正敬下来、静下来、净下来，认真练拳，不需要一点杂音，不需要配乐，甚至练拳时听到音乐还有点烦，或者是练拳时有音乐也视而不见，感觉不到有音乐的存在，一心在拳上，旁边周围发生了什么，浑然不觉。为此，功夫增长得很快。说来也怪，这时候每当静下来听到音乐时，也产生了变化。当腾格尔的歌声唱响，蓝天、白云、草原、骏马、群羊和马头琴等蒙古大草原的风情自然在眼前映现；当听到费翔的《故乡的云》时，对家乡的热爱之情、依恋之感，油然而升；当好声音第三季帕尔哈提的《花儿为什么这样红》在耳边响起，你会感到他声音在震颤，全身肌肉在抽搐，心在泣血，甚至每根神经、每根发丝、每个细胞都在颤抖。那种对失去亲人的痛，痛到了骨头缝，让我们感到老帕如果没有失去哥哥、父母的亲身体验是唱不出来这种声音的；2008年奥运会上一首《我和你》，拉近了中国与世界的距离，唱出了全球一家亲的和谐音符，奏响了世界人民大团结、大融合的美好篇章，唱出了人们心中的共同愿望；天坛里有个退伍军人的交响乐队，当《东方红》的乐曲在场地上奏响，你会被那磁石般的乐曲，自觉不自觉地吸引过去，人们自发地围笼上来，怀着崇敬之心，并随着乐曲的节奏歌唱起来，人越围越多，声越唱越响，这声音唱出了对毛主席的无限敬爱和怀念，唱完之后还有一种余音绕梁三日而不绝之感，让你激动不已，潸然泪下，感慨万分，虽然三四十年过去了，但感觉他老人家没有死，仍然活在我们心中。他老人家的感召力至今尚在。这地位是没有人能撼动了的。这个阶段，我对音乐有了更深一步的理解，音乐就是音乐自有它独到的、别的东西无法取代的魅力。拳就是拳和音乐不搭界。这时如有人与你交手，你会一拳一拳、拳拳猛发，直到将对手打倒，以显示拳的威严与不可侵犯。

再后来，逐渐感觉到音乐有拳里面的东西，音乐里有拳的力量。遥想当年古战场，一曲四面楚歌，把楚霸王项羽的部队，唱得人心涣散，八方溃逃，使得项羽乌江自刎；空城计，诸葛亮操琴一曲，吓退司马懿十五万雄兵；忆抗战时期，二十九军一首"大刀向鬼子们的头上砍去，杀！"杀出了国威，杀出了不把鬼子赶出中国决不罢休的豪情与壮志；回想那场世纪之交的亚运会，韦唯的一首《亚洲雄风》唱响了亚洲人走向世界的主旋律，唱出了亚洲人民的共同心声——亚洲雄风满天吼！听着歌曲，你热血沸腾，血脉喷张，激情迸发，在那沙哑的音调里，感悟到了这枚奥运金牌非我莫属，舍我其谁，不拿第一决不罢休的决心和气概。这时参赛的运动员的潜能就会激发出来；每当《国歌》奏响，人们无不起立，神情肃目庄严，这时这威武雄壮的歌声，让你感受到了你的命运同国家的命运连在一起了。当国家需要你，呼唤你时，你会无条件地毫无犹豫地挺身而出，哪怕是冲锋陷阵也义不容辞、誓死如归；列宁在谈到《国际歌》时写道：不管他来到哪个国家，不管命运把他抛到哪里，不管他怎样感到自己是异邦人，言语不通、举目无亲、远离祖国——他都可以凭《国际歌》的声音，给自己找到同志和伙伴，歌声使全世界无产者团结起来，为夺取政权、获得自由、解放而努力，前仆后继，义无反顾，这就是音乐，这音乐就是军队、子弹、大炮，这音乐就是董存瑞、刘胡兰、杨子荣，就是二十九军的全体将士，就是取得中国胜利的百万雄师……通过音乐我也理解了对太极拳的修炼，可以把看似风马牛不相及的东西融入太极拳里，可以把花草树木融入拳里，可以把牛马羊犬鹅融入拳中，可以把虎豹熊猴融入拳中，可以把日月山川流融入进来，可以把天地宇宙融入进来，总之，可以把世界万物融入拳中，即世间万物皆入拳。

十二、高手隐遁在我乡

我的家乡在黑龙江省宁安市。这里可以用物华天宝、人杰地灵来形容。仅世界级景点就有三个，著名高山堰塞湖镜泊湖、火山口地下森林、渤海国遗址。渤海国是唐朝时期，被女皇武曌和唐玄宗李隆基册封的，历经十五个皇帝，存在二百二十九年。到了清朝时期叫宁古塔（满语第六个的意思），是努尔哈赤的祖先生活过的地方，有康熙和乾隆帝的御笔亲书匾额："龙兴之地"和"龙腾胜地"。这里是清廷流人的接收地，从清朝初期开始就有大批流人被发配到宁古塔。著名诗人吴兆骞、抗清名将郑成功的父兄郑之龙父子、文学评论家金圣叹家属、思想家吕留良后裔等都曾流放于此。金庸小说《鹿鼎记》提到的宁古塔和《甄嬛传》里甄嬛的父亲被发配到的宁古塔也都是指这里。也有来此避祸而隐遁的武林高手。往往隐遁者深藏不露，不被人们知晓。其中个别人中偶尔有被发现者，第二天就会人去屋空，了无踪影。因为他们大都有不为人知的身世或经历，故此，行事非常谨慎，嗅觉灵敏，一有风吹草动，立即逃遁。

武林之中规矩大，怪事多，隐私更是不能问。也许是与武术有缘，我接触过一些武林中人，也错过一些学武的机会。总结起来，一是要聪明有悟性有眼力，善于发现；二是为人诚实，讲信用；三是遇良师要学，遇良友要交，遇良机要握。

我错过的两次机会。那是年轻时不经事。一次我骑自行车，很快看到前面有人便紧急刹车，当时车闸不是太好，没有刹住，只好下车用脚稳住车子。结果车前轮处有一老者，约六七十岁，我俩一时相住了。见要碰上，我转把向右，结果老者也随我向右，我转把向左，老者也随我向左，就这样左右、右左，老者配合我的车前轮有四五次之多，说来也怪，就是没碰上，看到老者那轻灵的身形和敏捷的脚步，我当时就有一种感觉，这老者不简单，事后多少年眼前的这一幕至今仍挥之不去。还有一次，是《少林寺》放映后，一时间全国掀起武术热潮。当时我刚满十八岁，也跟着凑热闹，练习用手砍砖，练了一阵还真能砍开一块砖。一天，我正在砍砖，过来一人，见我砍开一块，不以为然，我让他试试，他见我不服气，一连并排斜着摆上整十块砖，紧接着，一块一下，一口气把十块砖都用手掌推断了。我当时就傻眼了，很惊讶地问：你会武术，他摇头说：不会。事后，我感到真后悔，那身手明明是武林高手，而我却肉眼凡胎，错失良机。

我所接触的形意拳流派。2008年，我在本地已小有名气，与朋友合作开了一个武馆。由于同是出于对武术的热爱，我认识了一位练形意拳的老李并成了朋友。冬季到来，我邀请他到武馆练拳，晚上老李来我馆里站桩。我教完拳后便和老李一起站桩向他学习形意拳，彼此交流切磋。闲暇之余，老李向我介绍了他这一脉形意拳的传承情况。老李的师父叫杨景山，是宁安本地人，当时，宁安归吉林省所辖，杨师学习成绩优秀，考上了吉林大学。在吉大，向铁胳膊刘朝海学习形意拳，属刘奇兰一脉。后来，杨师又考入了北平（现在的北大）大学。期间又向刘彩臣学习形意八卦，还向吴图南学习吴式太极拳。杨师在回乡任教期间遇一形意拳高手，姓崔，不知其名。来自山西，自述其拳学自山西车（音）二先生（猜测是车毅斋)。杨师叫他崔把式。经常向他请教，时间长了，熟悉了，崔把式说出了事情真相。自己是在山西一拳把人打死，出了人命官司才跑到这里避祸的。过去老辈人比武，讲究上场不让步，出手不留情。在宁安期间，崔把式又出了一场命案。一次，宁安来了个打把式卖艺的，崔把式的徒弟与之比武，结果吃亏了，回来告知崔把式，难免添油加醋。卖艺人找到崔把式解释并索要被拿走的道具，二人话不投机，崔把式不容分说，一拳将卖艺者隔着南炕就甩（打）到了窗户外面。卖艺人没多久就去逝了。结果三年后卖艺人的徒弟从南方找上门来，要为师父报仇。还是杨师出面从中进行调解。又给卖艺者徒弟拿了不少钱。才算把人打发走了。后来，崔把式跟着抗联的刘快腿走了，最后在新疆打了一场恶仗，便没了消息。

我见到的马派八卦掌。 2010年认识了练八卦掌五十多年的张捍东老师。他自十四岁开始，习练八卦掌至今，是在富拉尔基向一个叫祁大麻子的人学的。祁大麻子出山时六十九岁，告诉他的徒弟们只能教他们十年，因为到七十九岁他就归位了（意思是死了）。果然在七十九岁这年祁大麻子走了。祁大麻子（注：直呼祁大麻子未免不尊重，但没办法，人家隐姓埋名），也是有名有姓的。是因为他们师兄弟三人在北京把人打死了，才逃到东北。一个在牡丹江，一个在富拉尔基，一个在齐齐哈尔落脚。隐姓埋名，彼此再无联系。后来是，祁大麻子感觉岁数大了，没事了，这才出山教拳的。祁大麻子属马维琪派八卦掌。马维琪是董海川早期弟子，功夫了得，鲜有敌手。因为是做煤球卖，故有绰号"煤马"或"煤子马"之称，当年京城有"煤马功夫胜程尹"（程廷华、尹福）之说。他性情暴烈，以比武为乐，北京的武馆让他砸了个遍，因为没有对手，后来就到天津、山东、河北、河南等地踢人家的场子，因此得罪了不少人。据说，煤马后来为仇家所害，死因成谜。他的弟子们怕受连累，纷纷投入别门。张捍东介绍，他们这一支是马维琪传给了一个卖馒头的，绰号馒头郭；馒头郭传朱文魁；朱文魁传祁大麻子。马派八卦的特点有"三角步、打四面，穿九宫走八方"之说。

实践是检验真理的唯一标准，实践出真知，我所接触的无论是形意拳还是八卦掌，都是以性命相抵得出的东西，一定是宝贵的经验总结，应该是货真价实的真东西。我只学习了老李的五行拳，即劈、崩、钻、炮、横五拳；学习了老张八卦掌老八掌的第一掌和三角步。并把这些东西融入到我的太极拳之中，取长补短。著名武学家孙禄堂很形象地说：形意拳如钢球铁球，内外诚实如一，八卦掌如绒球与铁丝盘球，周围玲珑透体，太极拳如皮球，内外虚灵，若有若无，若实若虚。形意拳大家尚云祥也说过：打太极拳要带点形意的充沛，打形意要带点太极的含蓄。人们很形象地总结三种内家拳的特点：形意的拳，八卦的步，太极的腰。意思是形意拳最突出的特点表现在拳法上；八卦掌最明显的特点表现在步法上；太极拳最显著的特点表现在转腰上。我练五行拳是为了无论怎么出拳都能打出劲来，也就是说，平拳可以打出劲，立拳也能打出劲，拳心向上向下都能打出劲，拳头向上向下、向左向右都可发劲。为此我下工夫练了三年达到出手就有的程度。练习八卦步和三角步是为了与人交手时走偏门，走转快，更主要是练习剑术实战的需要，剑属短兵器，遇到长兵器就要绕到敌方身后击打才有效果，八卦步是最理想的步法。通过向老李和老张学习形意、八卦，收益颇多，使我的太极拳水平又上了一个层次，剑术实战也更加自信。通过与老李、老张的相识、相交、相处所得，使我认识到，身边有高手，要善于去发现。

十三、王宗岳《太极拳论》之添足辞

太极拳门派众多，拳理拳法拳论拳诀等也是丰富多彩。功法心法心得体会更是层出不穷。然而，大凡习练太极拳者，不管是何门何派，无不把王宗岳的《太极拳论》奉作理论上的圭臬、经典，当作习练太极拳的指南、灯塔。想当初，我练太极拳时的第一件事，就是把王宗岳的《太极拳论》背得烂熟于心，张嘴就来。用《拳论》里的内容指导练拳实践。"由着熟而渐悟懂劲，由懂劲而阶及神明……"于是乎，我先求着熟，后求懂劲。果然很快，两年多就达到懂劲程度，接着我倍加努力，刻苦练功向神明进军，可是神明是个什么样？谁也不知道。查了很多资料，最后在《易经》里找到：阴阳不测为之神，审而未决为之神；明而察之为之明，决而断之为之明。神为不知的领域或范畴；明为明白、知之的领域或范畴。我想既然是阶及神明，那么就必须一步一个脚印的，一阶一阶地向上走。在一阶一阶上层次的过程中，我慢慢感悟到了"若然识得此中理，太极只在一环中"的太极精髓；也渐渐体会到了"浑身上下都是手，挨着何处何处击，我也不知玄又玄"的奇妙效果；也逐步体验到"搭手顺敌意，应物自然，知拍节，如影随形"的潜能状态。可是我仍然不知道神明究竟是什么样？我去《拳论》里找，直到眼前出现"懂劲后，愈练愈精，默识揣摩，渐至从心所欲"时，晃然明白，神明是方向，是目标，是人们追求的上不封顶的理想境界。如实现共产主义的远大理想一样，是值得我们长此追求下去的东西。

  神明的境界我没有达到。但在由懂劲阶及神明的路上，我感到最明显的一个层次是练出手眼身法步后达到的"知拍节"[①]。而知拍节又可分出三个阶段：第一阶段是把握时间差；第二阶段是知拍；第三阶段是如影随形。交手时把握住时间差就能达到"秤彼劲之大小分厘不错，权彼来之长短毫发不差"，然后从容应对。即：或是打闷劲，或是打截劲，或是打回劲。打闷劲指当对手欲出或者欲出未出或者刚出手时，迎势一撞，对手之劲便被闷了回去，就是说对手原本想把你打出去，而结果反被弹了回来；打截劲指对手之劲出至一半或过半时，截而击之；打回劲指对手之劲打出后，我闪开或化开来劲，在对手旧劲已过，新劲未生出来之当口处，打击之。第二阶段是知拍。"知拍任君斗"，就是说达到知拍节程度，任尔怎样打斗都能从容应对，处于不败之地。古人、前辈们已有总结，此不赘言。第三阶段是如影随形。这一阶段是知拍节的高级阶段，有点不其然而然，莫知至而至，感而遂通，先知先觉的味道。达到如影随形阶段，就像是对手的影子，你进攻，我就像你的影子一样粘着你回撤，并且在粘着你回撤时还能还手打到你；你感到危险撤退时，我仍然像你的影子一样粘着你跟进，还能对你进攻，打到你。就如同人踢狗一样，小时候经常与自己养的狗一块玩，玩急了就踢它，不但踢不着还被叼住了鞋，反复几次都是一样的结果。仔细观察，当你踢它

[①]俞大猷《剑经》之总诀歌有：却在他力前，柔乘他力后。彼忙我静待，知拍任君斗。

时，狗的身子闪了出去，但嘴却转了回来，所以未等你脚落地，就被它叼住了鞋子。后来，我把这一原理用到与人交手时，效果非常神奇。用到剑术实战上也一样有奇效，为此很得意。

我练陈式太极拳，此拳讲缠丝劲，而王宗岳《太极拳论》里恰恰没有写到缠丝。此前有人为丰富拳论，做过尝试和贡献，在"无极而生"后面加上了"动静之机"四个字。为此，我冒天下之大不韪，考虑在《拳论》"动之则分，静之则合"后加入"螺旋缠绕，转换循环"八个字，把"由懂劲而阶级神明"之句变成"由懂劲而感知拍节，由知拍而阶及神明"字样，就全当是画蛇添足吧。

十四、伸手抓飞鸟之真正体验

从小就有英雄情结，心怀英雄梦想。我姥爷会说评书，可惜在我六七岁时去世了。听姥姥说，姥爷的记忆力惊人的好，能将整部书背下来，并用筷子敲着瓷盆，打着点唱出来。说是说书，其实是唱书。时间长了，姥姥也耳熟能详，有时讲几段给我听，使我幼小的心灵得到了精神上的熏陶和愉悦。其中姥姥给我讲过印象最深的是杨露禅和董海川在京城比武的故事。相传杨露禅和董海川为试身手，忽见一鸟低飞，董海川跃身活捉飞鸟，交与杨露禅。杨露禅伸掌接着，鸟在掌中，只见振翅而不能起飞，因鸟在起飞前，两足必先用力一蹬，方可借力飞出，杨露禅听其劲而随之松化，鸟无力可借，故无法飞走。这就是"伸手抓飞鸟，立雀不能飞"的传说。虽然都是故事，长大了也知道是文人的杜撰，但心中总存一份天真一份幻想。直到我学习太极拳又把故事想起，也想效仿，跃跃欲试。毛泽东主席说过："要知道梨子的滋味就得亲口尝尝。"于是乎，我到乡下弄回几只老家贼（麻雀），放在单位做实验。当我把第一只老家贼放在掌上的一刹那，老家贼嗖地一下就飞了，手上根本就没有感觉。我以为没有准备好，于是又拿出第二只，这次我小心翼翼，非常谨慎地把老家贼放在掌中，就在松手的瞬间，老家贼两只翅膀一扇乎又飞了。这次我弄明白了，老家贼根本不用蹬脚借力，只是两翅一扑棱就飞了，反复试验都如是。后来一只老家贼以死相拼，撞到玻璃窗上不能动了，我只好打开窗户让它们飞走。说来也巧，此事过后不久，一次上班途中，遇到一只刚出飞的小燕子，从鸟巢里落下，我迅速将其抓住放在掌中，这次与上回不同，手上有感觉，它起飞时是两足先用力一蹬，然后扑楞翅膀欲飞，这时我手心微微舒展、手腕略微转动下沉，小燕子真就飞不起来。实践证明，老家贼不用蹬足借力就可飞起；刚出飞的小燕子只有蹬足借力才能飞走。后来我将此事同我的形意拳友老李讲了。他说："伸手抓飞鸟是不可能的，但我师兄能抓住鸽子可是真的。"我顿时眼睛一亮来了精神，说：你确定。回答：准。于是我便开始了抓鸽子行动。第一次抓鸽子是在一场大雪过后，我下班回家走到门口的甬道上，别处路面都是雪，只有门口甬道被门卫刚刚清扫露出水泥地面。六七只鸽子正在上面寻食，一只鸽子奔我走来，我自然上前迈步，只是步幅大了一些，鸽子见我迎来，往我右侧飞闪一下就落地寻食，我见准机会第二步就蹿了上去，扑向鸽子，右手抓住鸽子脖子与翅膀的结合部位，由于我下扑的速度太快，惯性太大，如果我抓住了鸽子就会把鸽子按死，为此我松了手，只抓了鸽子的几个羽毛下来。第二次抓鸽子也是在我家门口的甬道上，下午上班刚出门，就见有三只鸽子在甬道上啄食，我没有丝毫犹豫，迅速奔中间的鸽子扑过去，将它抓起，边走边在手中把玩，正好有一个骑三轮车送货的看见，过来搭讪，我伸手将鸽子送飞，鸽子落下几根羽毛。不谦虚地说，我抓鸽子都抓出了经验。一是顺着鸽子飞的方向抓好抓；二是鸽子横着飞时不好抓，但能抓着；三是鸽子迎面飞来时抓不到。顺着鸽子抓好抓是因为鸽子起飞时，头部与身体保持在一条中心线上，这条中心线不变，故好抓，同理太极拳打手时，打在敌人的中心线上容易把敌人打倒。鸽子在横着起飞时，出手抓要提前打量，如果抓头部就抓不着，身子扑上去了手要放松，否则就得把鸽子按死，手放松抓鸽子如同太极拳的听劲一样，这时鸽子有上下、左右、前后六个方向，听到鸽子飞的方向时，手就向飞的方向抓，就能抓住，通过横着抓鸽子使我悟到了打手时，身子扑上去前，不要发劲，这时敌人很容易闪躲走化，等手碰敌身上后再发劲，力大劲整，整个身子的劲都集中到拳头上，这时手正处在双方身法的交叉点，敌人不容易走化。鸽子迎面飞来，也就是鸽子奔你飞来时，看起来是最好抓的时机，其实正相反，抓不到，因为你首先碰到的是它的头部，也许这其中的关键在鸽子的眼睛上，也许在鸽子的脖子上，当我伸手抓它时，就在刚刚擦到它的一瞬间，鸽子伸着的脖子突然弯起缩回，躲开来手并左转，也就是鸽子的脖子擦着我的手腕转了一个圈，然后在脖子左转的同时，鸽子的身子右转，接着翅膀一扑楞，随之向我的右侧飞走了。我对自己的听劲功夫一向自信，在与人搭手瞬间，我可以把人打出去；也可在搭手的瞬间走化来拳，并打到敌人；还可以在搭手的瞬间断开来手，同时打到敌人。而这次栽到了鸽子的头和脖子上，就在那一瞬间眼巴巴地看着它飞走了，深深感到，上天在创造自然界物种时的公平性。上天给了人类语言，能够创造和使用工具的同时，也给了鸽子的敏锐和迅捷，鸽子的这种敏感天性是人类无可企及的。当时的情形我深深地印在了灵魂深处。其实我抓的鸽子也是家养的，只不过是散放着，故这鸽子具有野性不容易抓。大城市广场上的鸽子与农村小县城里的鸽子有所区别，比较温顺容易抓。后来我发现每次抓到鸽子时，不管怎么轻抓轻放，鸽子都会受到惊吓，掉下几根羽毛。为了珍爱生命热爱大自然，我辈应有好生之德，是故，以后没再抓。后来我把抓鸽子的事情与拳友老张分享。老张说：抓鸽子没抓过，但我抓过耗子（老鼠）。这事说完没几天，老张再来时，我看到他脸有伤痕，手缠纱布，问怎么了，回答：抓耗子抓的。老张家住县城北郊，来回往返要路过农田，那天同徒弟小刘路过农田地时，看到耗子便扑了过去，由于惯性太大，脸着了地，耗子是抓住了，他的手却被耗子给咬了，还打了疫苗。年已七旬的老人，能有如此身手已经很不错了。老张后来抓耗子也抓出了经验，要把耗子先用掌拍晕，然后再抓，否则就容易被咬。

形意拳老李说：他的师兄身高不到一米六，身重不足一百斤，但能扑倒一头牛；我的学生，远在重庆，跋山涉水，带着老婆孩子来到大东北找我学拳，一住就是一个多月，乐此不疲；我的一个练剑的朋友，为了能见到于承惠，上北京足足等了三天才见上一面，向于老师请教了一个小时的双手剑法；我的教剑师父每天与一头小尾寒羊练功。还有许许多多的怀揣英雄情结、心怀英雄梦想的武林同仁，为了这份追求，他们执着坚守，不改初衷，不惜代价在寻求着、在体验着、传承着并享受着这种令常人不解的快乐而陶醉其中。

十五、走出太极拳的误区

进入21世纪的中国，经济发展、市场繁荣、生活富裕，人们的健身意识逐渐加强。太极拳作为祛病、健身、防身、自卫、养生的运动方式，深受大众喜欢。加之广播电视报纸网络等媒体的大力宣传，太极拳成了有百利而无一害的绝佳有氧运动项目。据有关部门统计，目前全球习练太极拳的人数一路飙升至三亿人，然而在上亿人的练拳队伍中，因练太极拳而致膝盖疼的占很大比例。为此，人们不得不产生质疑，练太极拳真的有百利而无一害吗？真实答案：太极拳是双刃剑，具有二重性，练好了百利无一害，练不好则害己害人。

"近日，网上传闻陈氏拳领军人物某大师换膝关节了；武林大会裁判某大师在膝盖下侧取出骨头碎块；北京的陈发科后人坐轮椅了；等等，而且传闻的真实性很快得到了证实。"我查阅太极拳的历史，中国近、现代社会太极拳界很具影响力的陈、杨两派太极拳代表人物杨澄甫、陈兆奎也仅仅寿至五十有三，不得不说，真是太极拳界的一大损失。

太极拳练好了有百利而无一害，那么怎样才能练好太极拳呢？太极拳诀告诉我们："进门引路须口授。"练好太极拳需要找个好老师才行，即"明师"口传心授。明师不是有名气的老师，而是明白太极拳的老师。明师需要在五个方面明白。①写明白。应有论文或专著，也就是理论成体系。有理论作基础才能飞得高。②讲明白。指讲明白太极拳的拳理拳法，给学员以科学的理论与实践指导。③练明白。指明白基本功训练、套路练习、单式训练、双人训练，关键是手眼身法步的训练等。自己都没练明白，怎能去教人。④用明白。指每一势中的每一式怎么用，也就是每一势能变化出多少个式子，每个式子中又能变化出多少个招法招术动作来。除八法五步外，还有踢、打、摔、拿、掷的用法等，真正达到一定境界，功夫俊才能行得远。⑤教明白。一句话就是在一定的时限内能教会学员，至少使学员达到懂劲的程度。这一方面是重中之重。"师者，传道授业解惑也"。其他四个方面再好，你教不会学员，也不能称"师"。明师出高徒。

好的老师关键时刻可以点化学员，使其少走弯路，成就武功。正所谓，千点万点，不如明师一点，一点即通。古语有：取乎其上，得乎其中；取乎其中，得乎其下；取乎其下，则无所得矣。拜明师可以得其上、得其中、得其下，至少练不出毛病来。其实，练出毛病的大师们，也是能够达到这五个明白的。当然，练出毛病的原因他们也很清楚，主要是为了在接受挑战中战胜对手，保住自己的名誉和地位，重功力，轻养生，明知不可为而为之造成的。

搏杀本在养生前。就是说太极拳练到能技击、能交手程度之后，才能谈养生，才能上升到养生的层次。严格地说，大江边、公园里、街道旁的大多数太极拳爱好者所练的太极拳，锻炼一下身体，祛病健身还可以，是谈不上养生的。也就是说，太极拳如果分高中低三个层次，那么，中层次是技击、交手，防身自卫；低层次是祛病健身；高层次才是养生。而人们普遍把祛病健身和养生混为一谈了。虽然太极拳流派众多，拳理拳论及练功方法、特点各异，但无论其何种流派，无不把王宗岳的《太极拳论》奉为经典指南。按照王宗岳太极拳论的修炼层次，是由着熟而渐悟懂劲，由懂劲而阶及神明。就是说懂劲是太极拳登堂入室的一个标准、标志。达到懂劲程度技击、交手没有问题。懂劲之前，只是锻炼身体而已。但锻炼身体有很多项，登山、跑步、游泳、打球、跳绳、踢毽子等都可健身。我们大可不必劳心费力去研究太极拳。既然我们修炼太极拳就要把太极拳练好，掌握其精髓，达到养生的目的。那么如何养生呢？

去掉身上力，方可谈养生。牛顿第三定律讲得非常明白，作用力与反作用力大小相等，方向相反。我们要练明白拳的最重要一点，就是要掌握这一原理，利用这一原理避免造成对自己的伤害。例如：我们练习陈式太极拳的金刚捣碓，在右脚下砸的同时会产生两个力，一个是向下的，一个是向上的力，假如向下的是一百公斤的力，那么向上的一百公斤反作用力就会作用在自己的身上。如果你颈椎有问题，那么你就会感觉震得头痛脖子痛；如果你腰椎有问题，那么你就会震得腰脊痛。哪里有毛病，哪里的反应就最大。双振脚、金鸡独立等动作同样如此，都会对你造成伤害。2004年，一次有个师侄向我请教：师叔，师爷让我每天打一百个掩手捶，我打的胸部直难受，怎么办？我说：那就先别练了，停一停吧。之后，没过多久，拳友老范也对我说：一定记住了，练掩手捶千万别使劲发力。我说怎么了，他回答说：我可能练出毛病了。老范养了好几年才缓过来。记得看电视专家在分析霍元甲死因时，做了这样一个说明：专家把人的身体比喻成一个铁匣子，把身体里面的五脏六腑比喻成是玻璃，说：铁匣子在接受打击振撞时，表面上是没什么事的，其实铁匣子里面装的玻璃已经振碎了；从另一角度说，霍元甲有个绰号叫"黄面虎"，意思是说霍元甲的面部发黄，是他平时练功过度造成的。霍元甲、杨澄甫、陈兆奎的过早离世最重要的一个原因都是与平时练功过度、重功力、轻养生有关。其实大师们在创太极拳时，早已把去掉自身的反作用力放到了太极拳每个动作的折叠转换之中了，只是没有提示清楚而已，或是忽略了，忘记了交待，或是你拜的大师水平不够、根本不知道罢了。

　　膝盖痛的原因也是没有把拳练明白所致。其实各关节部位相对而言，不怕打、不怕撞，最怕的是拧。陈式太极拳讲究缠丝。肩肘腕胯膝踝都带缠丝劲。肩肘腕在缠丝中不受力没有问题，而膝部就不同了，膝关节既要缠丝，同时，又要承受身体的重量，是最怕拧转的。解决和处理好膝关节痛的关键在脚踝。另外拳诀"两脚着地滚涌泉"也是个好办法。

　　解决了膝关节痛的问题，能够去掉了身上的反作用力之后，通过太极拳的修炼可达到"两肾滚滚如汤煮""腹内松静气腾然""肌肤骨节处处开张"等程度，就进入了太极拳的高级养生阶段。所谓"两肾滚滚如汤煮"，即按道家理说的是把人的丹田比喻成锅，将涌泉之水上行引入丹田这个锅里，将心火下降，行至丹田这个锅的下方，让火煮锅里的水，化成炁后濡养内脏、腠理、血脉、肌肤等。按照我的要求做，当太极拳走架至四五遍时，你就能够体会到两个后腰眼处发烫，两个肾像在沸水里被煮的翻滚起来了一样。所谓"腹内松静气腾然"，说的是太极拳练到一定时候，丹田像一个气球一样，内里除了气之外，啥也没有，而且，腹部既柔软又壮实，这时行拳走架轻灵敏捷，如麻雀在枝头跳跃，似猿猴在林间穿梭，一片活泼泼景象，给人一种返璞归真的感觉。所谓"肌肤骨节处处开张"，是说太极拳练至一定时候，肌肤上的汗毛孔张开，既可吐纳又能排毒，各关节部位嘎嘎作响，筋骨舒展，血脉通畅，练到这般景象时，则冬天不觉很冷，夏天不觉很热，一顿饭可以吃三顿饭的量也不觉多（撑着），三顿饭不吃也不觉饿，有时三天不吃也不觉得怎么样，进入了辟谷状态，甚至出现一种潜在的能量或特异功能，进入到形而上的状态。你的精、气、神都很足，其表现是精足不思欲，气足不思食，神足不思眠[①]。达到这种程度，每天精力旺盛，走路步履轻灵、身手矫健、充满活力，好像又回到青春时代，"谁说青春无再少，返老还童未可知"。不仅体能如此，心性也发生了变化，不仅健康长寿，还有一种功德圆满、位列仙班、成仙得道的味道。

十六、太极拳技击的几种境界

神明。按照王宗岳《太极拳论》所说："由着熟而渐悟懂劲，由懂劲而阶及神明。"神明是太极拳修炼的最高境界。但是自创太极拳始至今日还没有听说过谁达至神明境界。究竟什么是神明，《易经》曰：阴阳不测谓之神，审而未决谓之神，明而察之谓之明，决而断之谓之明。神：为不知的领域和范畴；明：为明白，知之的领域或范畴。王宗岳《太极拳论》在后面写道："懂劲后，越练越精，默识揣摩，渐至从心所欲。"从心所欲是太极拳修炼的结果。那么神明就应该是目标是方向，是修炼太极拳者追求的上不封顶的理想境界。既然神明的境界我们不知道是什么样，但我们可以和生存在自然界生物链顶端的动物如虎、豹、狮、熊、猴、群狼、大象等做比较，对神明有个大概的评估。人与动物的主要区别是语言、思维、直立行走、使用工具。如果抛开这些，那么用太极拳的最高境界与老虎、狮子比，我们肯定打不过。至于武松、李逵等打虎英雄，那是故事，也是借助了工具来完成的。如果不借助工具，一般情况下武功再高也是打不过老虎狮子的。被人们称之为"虎头少保，天下第一手"的孙禄堂平生从未遭到败绩，也只是有个"赛活猴"的称号。这样一比，一目了然，神

[①] 我认识一位女道长，一天24小时不睡觉，只炼卯酉功，指打坐一个时辰等。即曹明旭道长，1962年生，出生三天即被爷爷抱走出家，为全真龙门派第二十代弟子。现云游于鄂、陕两省及神农架、三峡大坝一带。古茶道专家、药膳专家、道医道法传承人。

明不是神话，神明不能被神化；不是电影、电视剧里可以满天飞的人物；不是传得神乎其神的刀枪不入的会道门。董海川第八大弟子张均说过："神仙都怕一股烟。"（形容八国联军洋枪一响屁股冒出一股烟来）何况人乎。这样，我们就把神明请下了神坛，为此，我们不再迷惑。换个角度想：我们不可能达到神明的程度，即使达到了神明程度，也是打不过大象狮子老虎的，也就是说人的功夫即使达到了神明程度也是有个"度"的。

挨着何处何处击，应物自然，从心所欲。陈式太极拳有"浑身上下都是手""挨着何处何处击，我也不知玄又玄"的歌诀。太极拳练到一定层次，肩、肘、腕、胯、膝、踝、手、足、头都可以随时发劲击打敌人。这种程度是可以达到的。懂劲后，身体协调了，就基本上可以达到。不是什么难事。《太极拳论》有"渐至从心所欲"之句；《授秘歌》有"应物自然"之句。我认为这三种情况水平、程度、层次相当，应归为一种境界。从心所欲就是想怎么出手就怎么出手，想怎样击打敌人就怎样击打敌人，出手便是。"应物自然"与从心所欲的意思相当。如打乒乓球，对手发球，你接球，他怎么发，你怎么应对。对手发上旋球，你自然得用扣杀的办法把球打回去；对手发下旋球，你自然得用上搓的办法把球搓回去；相反，假如对手发上旋球你用上搓的法方肯定是不行的，假如对手发下旋球，你用扣杀的办法也是不行的。太极拳打手练到一定程度，和两人打乒乓球道理一样。正应了李小龙的那句："以无形化有形，以无限化有限。"综上所述，太极浑身都是手，挨着何处何处击，我也不知玄又玄，应物自然，从心所欲等，都是在一个层次上，只是太极拳修炼者练功体会不同，语言表达不一样而已。因为太极拳近乎道，不好表达，难以表述清楚，只能是象形取意。借助某种物质形象地比喻，打比方，其意思是殊途同归的。

知拍节。知拍节是在由懂劲而阶及神明的道路上把手、眼、身法、步练出来后，达到的一个层次。应介于懂劲前后与神明之间。知拍节又可分出三个阶段：第一阶段，是对时间差的把握。如同打排球的吊球和时间差，是寻找敌人进攻或防守时，时间和空间的漏洞，打击之。交手时，把握住敌方出手的时间差就能够充分评估出敌手劲之大小和手臂之长短，从容应对。即或是打闷劲，或是打截劲，或是打回劲。打闷劲指当对手欲出或者欲出未出或者刚出手时迎势一撞，对手之劲便被闷了回去，就是说对手原本想把你打出去，结果被反弹了回来。打截劲指对手之劲出至一半或过半时，截而击之。可边截边打，可先截后打，可左手截右手打，也可单手随截随打，方法多样，不拘一格。打回劲指对手之劲打出后，我闪开或化开来劲，在对手旧劲已过，新劲未生出来之当口处，打击之。这个打法，风险小而难度大，需要移形换步，所以，手眼身法步的功夫一定得扎实才行。第二阶段是知拍。"知拍任君斗"是说达到知拍节程度，任你怎样打斗都能应对自如，从心所欲，处于不败之地。不仅是手上知拍，脚下知拍更重要。交手时情况复杂，要随时调换身形，所以脚的落点很重要。此阶段武术前辈已有总结，不在赘言。第三阶段是如影随形。这一阶段是知拍节的高级阶段，有点不期然而然，莫知至而至，感而遂通，先知先觉的味道。达到如影随形阶段，就像是对手的影子，你进攻我就像你的影子一样黏着你后撤，并且在黏着你后撤时，还能还手打到你；你感到危险撤退时，我仍然像影子一样黏着你跟进，还能在跟进的同时，对你进攻打到你。如影随形应介于懂劲后与神明之间。

太极只在一环中。"阴阳无始亦无终，往来屈伸寓化功，此中消息真参透，太极只在一环中。"这句诗是对太极拳的高度概括，一环之中尽含太极功夫内涵。掤捋挤按，采挒肘靠尽在其中。洪钧生在谈太极拳时，也说自己只会划个圈而已。这句诗对我的启发很大，为此我在盘架时，始终把划圆作为四肢的运行路线，每个动作，每一式的运行轨迹都体现为一个圆。在一环之中，渐渐悟出来很多新东西，总结归纳如下。

1. **掤捋挤按皆非似。** 在与人交手论技时，往往使出的招式劲法，掤不是掤，捋不是捋。比如：摔人时，既不是海底翻花，又不是白鹅亮翅；既像海底翻花又像白鹅亮翅，就是这种"掤捋挤按皆非似"的感觉。似像不像，似是而非。是一种掤捋挤按都含其中的综合劲。这劲法用之有效，使用神奇。比如说：当对手来拳过于刚猛时，只用捋法走化来拳，就走化不开，容易被击打到。如果在捋劲里加个挒劲，或者加上个采劲，则效果非常之好，可以轻松走化来拳，并能从容还击。比如：我左手控制敌人右手腕部，右脚上步同时右掌击打敌人胸部时，如果敌左手走化我右掌，我可稍加变化改为以肘击胸，然后利用反弹力的瞬间空隙，稍加变化，迅速靠击敌胸，使敌连受重创。这个时候，无论是以手击胸，以肘击胸，以肩击胸，都是一个劲，只不过是根据距离的因素而出手出肘出肩的，挨着何处，何处击打。发出的劲说是肘劲也可以，说是靠劲也不错。我把它叫内劲或太极劲。为此，我在教学中，基本不讲"掤捋挤按，采挒肘靠"，只讲在一环中怎样发劲击打，只讲"掤捋挤按皆非似"，给学员一个更大的空间。学员问到时再讲解，即使讲解也是点到为止，还要强调太极拳的劲法，不仅仅只有八种。但这个综合内劲却能分离出掤捋挤按采挒肘靠这八种劲来，否则，只讲八法，则容易束缚学员的手脚。

2. **粘连黏随之上**。粘连黏随是太极拳的显著特点。在推手或打手时，运用这一特点，不丢不顶，控制敌人，达到我顺人背，也就是使敌人处处受制，百般不得劲，从而有效打击敌人。据说"鼻子李"李瑞东[①]先生曾拜甘凤池之曾孙甘淡然为师，得甘师武当金蟾派太极功之真谛。该派功法绝技有粘黏连随和离黏随两种不同的打法，其中，离黏随的打法，与各派太极拳迥异。离是粘的破解之法，离与粘是一对对立与统一的矛盾。能粘能离，粘离自如者方称太极高手。那么对李瑞东先生离黏随打法进行深入思考，反复实践，进一步升华，我总结创新出了在粘连黏随之上，必有与之对应的四种打法。这就是"离脱截断"。即，粘与离，能粘上就能离开；黏与脱，能黏住就能脱掉；连与截，能连上就能截住；随与断，能跟随就能断开。而离脱截断的层次，一定是在粘连黏随之上。现代科学的飞速发展，使一切事物都变得清晰明了，神州系列宇航员能出舱门就是告诉世人，我们的技术可伸手摘卫星；能够人工对接和自动对接，是告诉世人，两个飞船在同一个轨道上可随时增减速度，前进后退；嫦娥系列能够变轨，是告诉世人，我们的技术可以随时改变半径和方向，也就是说，在弹道导弹基础上可以灵活改变弹着点。其实道理很简单，就是在圆心和半径上做文章，说到底是改变圆心和半径的问题，那么，把这一原理运用到太

[①] 李瑞东（1851—1917年），名树勋，又号烟霞逸士，清朝直隶武清城内人士，创李派太极拳，曰：太极五行捶。

极拳粘连黏随所对应的离脱截断上，简单讲，离就是使半径变小产生的效果，脱就是使半径变大产生的效果，截和断是改变圆心、改变半径后产生的效果。截是半径变大的同时还要改变圆心；断是半径变小的同时也要改变圆心。这也符合拳论：仰之则弥高，俯之则弥深，近之则愈长，退之则愈促。以上是粘黏连随之上的出处和理论来源。

还有实践所得。那就是在推手和打手中，运用粘黏连随时，经常出现丢和顶的问题。实际上出现丢和顶的问题，在实践中是很自然的事，为此我也有自己的观点和经验。丢与不丢，顶与不顶要视具体情况而定。当敌手身强力壮，劲大时，可丢不顶；当敌手身单力弱，劲小时，可顶不丢。该顶时别客气，该丢时别犹豫。这样灵活运用才能处于不败之地。丢是离和脱的初始阶段；顶是截和断的初始阶段。丢和顶熟练了，渐渐可以达到离脱截断。当离脱截断熟练了，不管敌人高低胖瘦，都能用上时，就进入了离脱截断的高级阶段，到那时，便可应物自然，随心所欲了。

3. **倒转阴阳**。倒转阴阳指在引进无全空或者是引进落半空的情况下进行的对敌打击，是打手时敌我双方的刚柔转换。倒转阴阳是让敌人的刚发尚未作用到我身上时，则变成了柔软，而这时，我的柔化则迅速变成了刚发，从而打击敌人的一种技术、技巧。是一种瞬间逆转战局的战术手段，这种战术技巧出乎敌人的意料之外，并在情理之中，在实战中得来。倒转阴阳的内容很丰富，仅举几例：有三寸阴阳、七寸阴阳、三寸阴阳采、七寸阴阳捌，还有三寸阴阳倒转、七寸阴阳倒转等。三寸是指手指到掌根的距离大概三寸；七寸是指手腕到肘部间的距离大概七寸。就是说在实战时，在三寸和七寸处下手。对三寸的应用，指己多，指敌少；对七寸的应用，指敌多，指己少。在三寸、七寸之下，还有阴阳离、阴阳断，倒转阴阳离和倒转阴阳断，等等。以上列举仅供太极拳爱好者思考，以后将有专门论述。

锋刃之端。将太极内劲运至锋刃之端，即剑尖、枪尖之上，也是一种高境界。太极拳修炼到一定层次，如果想继续登台阶上水平，进一步深造和提升，有必要修习兵器，借助剑枪等器械来完成。通过习练剑术来完成手眼身法步的提升，通过剑术对练来完成听劲、招式、招势变化的提升；通过抖大枪、大杆子来增长内劲功力，通过大枪对练增强听劲的灵敏、反应程度和掌控劲力的发放火候。功弥久力弥新，久而久之，内劲就通过身体动作的传导，达到了锋刃之端，即剑尖、枪尖之上。此时，这剑、这枪就如同手臂一样，长短自知，权彼来之长短，毫发无差；这剑尖、枪尖就如同人手一样，轻重有度，秤彼劲之大小，分厘不错。对敌作战，当敌我两剑相粘时，敌方的剑就不听敌方使唤，而受我支配了，这时敌方连招架的份都没有，只能挨打；当敌我两枪相碰相搭的瞬间，我迅速发劲将敌方的枪弹出，就在敌枪被弹而不听使唤的当口处，我迅即出手，这个时候你想怎样就怎样，击刺拦拿点扎挑等随便使用，出手便是。我师父刘振河就达到了这种境界，他拿着大杆子只见手上一抖就将一块砖齐刷刷打成两半，就像瓦刀打的一样齐整，他使枪的技术不是用尺寸来衡量而是用分毫来衡量的，指哪儿扎哪儿，丝毫不爽。我和师兄都达不到。师父的剑法也一样平生未有败绩，他常说：一剑在手，敢把天下走。

在古代如果说习练拳脚是普通大众用以健身防身亦或安全之需，那么击剑佩剑则是文人雅士、士大夫们等上层社会人士的一种身份象征。能诗词歌赋说明你只是个文人；能吹拉弹唱说明你只是个艺人；会刀枪棍棒说明你只是个粗人；能文能武、亦文亦武才叫文武双全。文韬武略、文治武功，方能称上君子，是故君子习剑传承了古代上层社会之遗风。舞动起来温文尔雅、潇洒飘逸既体现了文武全才的出众才华，又彰显出了儒者雅士的高雅风度。通过习剑功力上了层次，品位得到了提升，气质也发生了变化，何乐而不为呢！

我们必须承认造物主在创造人类个体时存在差异，比如黄种人与黑种人、白种人的差异，男人与女人的差异，但造物主又是公平的，她在给强者以体魄的同时，给弱者以智慧，以弥补不足，从而达至阴阳平衡。记得有人写过一段话，意思是说：泰森天生神力，常人即使再刻苦训练，练上三年五年、十年八载也赶不上，这话千真万确。然而太极拳最显著的特点和智慧就是以静制动、以逸待劳、以弱胜强、引进落空、借力打力、四两拨千斤；剑术更是最好的例证。比如女人与男人打，比如身体瘦弱者与身高体重劲大力猛的硬汉打，肯定不占优势，但我们完全可以借助身边的工具，化被动为主动战胜强者。枪剑练成后，我们随时随地可以拿起身边的一个拖布把、一个手杖、一个羽毛球、网球拍、一把雨伞等物件来克敌制胜。"君子生非异也，善假于物也"，就是这个道理。

小　结

在学练太极拳的过程中，我们除了向师父和比自己水平高的人学习之外，还要到生活中"悟"，太极拳修炼到一定程度，更要向社会、向大自然汲取养分，其实，大自然是我们最好的老师。

自然界形形色色的生物都有着奇异的本领，供人类学习借鉴。人类也特别聪明，能够效法天地，远取诸物，近取诸身，创造神奇。在古代人们看到动物的鳞甲就创造了屋顶的瓦楞，看到锯齿草便发明了锯，看到鸭子的蹼就发明了船桨；如今随着科技的进步，人们看到鸟儿飞翔就给自己安装上了翅膀，从蜻蜓的飞行形态中受到启发发明了直升飞机，从天鹅的飞行形态中发明了空中客机，从燕子的轻灵敏捷形态中发明了战斗机等，模仿动物爪子发明了铲车和挖掘机，从贝壳的外壳坚硬状况中发明了坦克、装甲车，从鱼在水中的自由升降游走中发明了潜艇和轮船等。每一次科技进步，每一种发明创造无不是遵循仿生学原理，在大自然中获得灵感、受到启发和熏陶的结果。学练太极拳也不例外。

人类在征服自然、改造自然的过程中，为了防身自卫、保护家人或家族的安全，他们向生物链顶端的动物学习，模仿其攻击、扑食时的动作本领，创造了拳术拳法，如猴拳、蛇拳、鹰爪拳等，形意拳的十二形是效仿十二种动物形态创编成的。陈式太极拳老架除去重复的，仅有四十个式子，而以动物命名或象形取意的式子就有十多个，如金刚捣碓、金鸡独立、白鹅亮翅、高探马、野马分鬃、猿猴献果、雀地龙、下步跨虎、当头砲、全砲捶等。单鞭也是象形取意，曰：单鞭如常山之灵蛇，击首则尾动，击尾则首动，击中间则首尾皆动；摆莲脚是形容其动作如风吹莲叶飒飒一片之意；当头砲是说拳头打出去如大炮一样威力巨大；雀地龙比拟身形像麻雀落地又如巨龙腾起一样等，这些

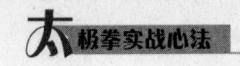

招势动作无不来源于生活，来源于社会，来源于征服自然改造自然的斗争实践、实验中。

太极拳练到高级阶段就是谈天说地，接天之气，借地之力，以为我用。从天地间寻找灵感，从日月山川中提炼精气神，从宇宙天体的运行中感悟拳理，武功从大自然中得来，再运用到大自然和社会中去。

直指太极拳
——拆拳、讲劲、用招、实战

一、从太极拳起势和收势说开去

在看别人练拳和教学的过程中发现，绝大多数人在做起势和收势时都很随意，甚至不把起势和收势当回事。分析原因主要是陈王廷在创拳时，没有现在的起势和收势，都是以懒扎衣或金刚捣碓为起势或收势。而现在习练的套路上的起势和收势是为了表演的需要后加上去的。所以，起势和收势不被重视也是在所难免的。其实，起势和收势非常重要。写文章讲究凤头、猪肚、豹子尾，意思是文章的开头要像凤凰一样美丽漂亮，中间部分要像猪的肚子一样有内容能装东西，结尾要像老虎和豹子的尾巴一样有力量。电视上、生活中主持人、司仪的开头也都辞藻华丽，悦人耳目，如同一首歌的开头一样，调起高了，到高音时就唱不上去，起低了，后面就发沉发闷，唱不起来，只有不高不低刚刚好，才能唱好这首歌；又如百米运动员的抢靶，枪声一响便飞身蹿了出去，抢得好就占了先机，抢晚了就慢就落后了。因为万事开头难，头开好了就胜利了一半。太极拳也一样。这一点我与太极拳名家陈小旺的观点一致。从起势中能看到你的修为、修养和修炼的火候如何！陈小旺在练拳时，开头起势总是非常的沉稳，非常的慎重，小心翼翼。两腿并拢，缓慢地屈膝下蹲。稳定了，重心把握了，才缓缓迈腿，伸出腿来，看安全了，没有什么危险了，再移动重心。远远看去像一个中国的"人"，用心写成了，动作定型了。同做人一样，屈膝下蹲是指低调处事、为人；站稳了是指立住了，安全了再迈腿走路。此后，我在练拳时都是把太极拳起势当作是迈开人生的第一步来理解的，一定要好好去做。说来也怪，这样做了以后，下面的动作练习起来连贯、娴熟、自然，行云流水，一气呵成。

熟话说编筐编篓全在收口。太极拳收势也极为重要。如同老虎和豹子的尾巴一样有力；好似白居易《琵琶行》里的名曲一样，曲终收弦当中划，四弦一声如裂帛；还像音乐指挥家手中挥舞的指挥棒，在曲终声停的那一瞬间，骤然停止在空中，歌声戛然而止，却又有余音绕梁三日而不绝的意境；更如春节联欢晚会上的结束曲《难忘今宵》一样，让人年年难忘，不可或缺了。上本书我曾提到过，师父用起势一连打了我五个跟头。收势也一样，管用好使有效。有人说：金刚捣碓的最后一捣是砸人的脚趾，那是人家上步了，如果不上步，金刚捣碓就不能用了吗？照样可以用，横着、斜着一样捣。变一下形、换个劲就是蹬一根，再变一下，就是玉女穿梭，关键在理解、在变通。形意拳里说劈拳形似斧，一般人理解向下劈，丁志涛①用劈拳就像斧子钉钉子一样钉人；而郭云深大师就理解为向上攒；尚云祥则把劈拳叫鹰捉，意为抓住后再打，打法与太极收势前面的当头炮差不多，向上攒。而当头炮也可以绕到人的侧面、后面去进攻去打，关键是在活变。其实各家各门派的拳术是相通的，用法有相似之处。最后的金刚捣碓就像一锤定音一样，收获自己的一生。最后的一个震脚砸拳好像拍卖会上的"锤"，敲定了一个人的人生价值。如果这样去想，那么这收势能不认真去做吗？这收势能不信心十足、加倍努力去练好吗？当感觉这一锤下去后，确实有收获，收势后能不气定神闲、悠然自得、身康体健吗？

二、金刚捣碓

（注：着深色衣服者为我方，着浅色衣服者为敌方，以下均同）

顾名思义，金刚捣碓，是形容这一式，发劲刚猛霸气。在起势后，两手在身前随腰左右转换，顺时针划了一圈，这一圈主要用于防守。

我腰先向左后右转，两手向左前方划圆时是接敌人右手的，右手接敌腕部，左手接敌肘（图2-2-1）。我腰向右转后，再向左转换时两手向右前方划圆是接敌人左手的，左手接敌腕部，右手接敌肘（图2-2-2）；右手也可打敌肋部（图2-2-3），以上是定步。也可活步，即接敌右手来拳时，可上左步，也可退右步；接敌左手来拳时，可上右步，也可退左步。根据敌人的距离和角度灵活运用。

---

① 《逝去的武林》主人公李仲轩的大舅哥，书中有介绍。

图 2-2-1　　　　　　　　　　　　图 2-2-2

图 2-2-3

接上动，我以左腿为轴身向右转90°，两手随腰右转向右捋，这一动作可以捋化敌手（图 2-2-4）；也可引进落空（图 2-2-5）；可变成闪通背把敌甩出（图 2-2-6）；也可变成偷步云手将敌摔倒（图 2-2-7）。

图 2-2-4　　　　　　　　　　　　图 2-2-5

图 2-2-6

图 2-2-7

接上动，我重心移到右腿，提左膝左腿向左侧开步，提左膝可顶击来敌大腿、腹部（2-2-8）；脚可蹬踏敌膝部或小腿（图 2-2-9）；也可勾挂敌前腿（图 2-2-10）；蹬踹敌后腿（图 2-2-11）。向左侧开步可插管、套住敌腿，然后出手击敌，这时的打法很多。可左手指裆捶（图 2-2-12）；青龙出水（图 2-2-13）；也可肘击敌肋（图 2-2-14）；还可腰向右转肘向后击打（图 2-2-15）；也可反关节把敌从身后摔向身前（图 2-2-16）；也可接小擒打一式的 20 多个动作（参见图 2-24-1～图 2-24-24）。

图 2-2-8

图 2-2-9

47

图 2-2-10 　　　　　　　　　　　　图 2-2-11

图 2-2-12 　　　　　　　　　　　　图 2-2-13

图 2-2-14 　　　　　　　　　　　　图 2-2-15

图 2-2-16

接上动，我腰向右转，两手随腰继续右将，然后重心移至左腿，两手下按，腰向左转两手随腰左将，这时左手可向左前击打敌人，也可走化敌方来拳（图2-2-17）；右手可向右后方打击后面的来敌（这里含着个小抖腰）（图2-2-18）；然后回头再向左前方来敌打去（图2-2-19）。

图 2-2-17

图 2-2-18

图 2-2-19

接上动，我右脚向前上步，同时右手向前打出，这时，右膝可击敌裆部、腹部，同时右手可击敌胸部、下颌（图2-2-20）；如敌后退，可右腿向前迈大步，右手变击地捶打击敌脸部、胸部、腹部（图2-2-21）；转身后腿偷步向前，右肘可从下向上击打敌腹部、胸部、下颌（图2-2-22）；然后变撇身捶，打击敌头部（图2-2-23）；也可在右腿向前迈大步的同时右手从下向上击打敌下颌（似勾拳）（图2-2-24）；也可打迎门肘向上击挑敌胸（图2-2-25）；然后右拳下砸敌头部脸部（似劈拳）（图2-2-26）；也可变猿猴献果（图2-2-27）；右腿向前用脚前蹬敌胸腹部，同时右拳击打敌下颌（图2-2-28）；然后变成六封四闭，或双推手，或抱头推山，打击敌胸部（类似形意的虎扑或双马形）（图2-2-29、图2-2-30）。不管什么招式，能把敌人打倒就是好招。

图2-2-20

图2-2-21

图2-2-22

图2-2-23

直指太极拳——拆拳、讲劲、用招、实战

图 2-2-24

图 2-2-25

图 2-2-26

图 2-2-27

图 2-2-28

图 2-2-29

51

图 2-2-30

接上动，我两手在胸前划立圆，右手右脚抬起，左手按下，然后震脚砸拳，金刚捣碓完成。两手在胸前划立圆可走化敌人来拳，可左化右打，右化左打，也可上挑下打（图 2-2-31），下按上打（图 2-2-32）。震脚砸拳是定势，如果活步，可下踩敌脚，也可向前趟开敌人，右拳不一定砸在左手里，可砸在敌头上、脸上、脖子上、胸部、后腰上、后心上，总之，哪里方便，砸向哪里（图 2-2-33）。

图 2-2-31

图 2-2-32

图 2-2-33

三、懒扎衣

戚继光著《纪效新书》卷十四《拳经捷要》篇云：懒扎衣出门架子。也就是说与人比试、交手基本上用懒扎衣式，所以戚继光长拳三十二式的几个套路的第一式都是懒扎衣。陈家沟所创五套拳也大都用懒扎衣做第一式。所谓懒扎衣，就是懒汉扎衣服之意。左手将长衫下摆从右向左搂起来，掖到左侧腰间或后背的腰带里，右手开出去，以防敌袭。古人着装长袍大褂，左手把长袍大褂撩起来，是方便踢腿动步的需要，故此形成一式。

大架的懒扎衣用法，踢打摔拿都有。例如，当敌人左脚踢来，我可用右手搂敌腿，趁机右脚开步，管住敌另一腿，发劲，敌自飞出（图2-3-1）。由于交手时的复杂性，搂住敌腿时，可能步法上不到位（图2-3-2），我只要引化一下后，一样发劲使敌飞出（图2-3-3）。这是懒扎衣下三路的用法。

用在上三路时，如敌人双手抓住我双手时（图2-3-4），我腰可向左转也可向右转，以腰向左转为例，可让两手交叉（图2-3-5）；同时开右步，管套敌足后，右手向敌人打去（图2-3-6）；或用肩肘将敌打出（图2-3-7）；也可用我之两手缠敌两手，将其拿住拿翻（图2-3-8、图2-3-9）。

图2-3-1　　　　　　　　　　　图2-3-2

太极拳实战心法

图 2-3-3

图 2-3-4

图 2-3-5

图 2-3-6

图 2-3-7

图 2-3-8

图 2-3-9

懒扎衣摔法是：我左手控制敌左手腕部，用右手控制敌左肘部，也可控制敌左肩部，控制肩时要防敌肘，腰向左转发劲，将敌向左摔出（图2-3-10）。如果敌不给，向右顶劲，则我右手逆缠里扣，腰向右转发劲，将敌向右摔出（图2-3-11）。向左发劲敌向前倾倒，向右发劲敌向后倾倒，其实，大架懒扎衣与野马分鬃动作的外部形式差不多，只不过两式所走的内劲和十二经筋不同。懒扎衣是右手右肘右肩分别与左脚左膝左胯合住劲后，腰向右转，右手臂随之向右拉开，走小手指两侧的经络，准确地说，不是经络，是走小指内外两侧的经筋；而野马分鬃则是右手右肘右肩分别与右脚右膝右胯合住劲后，腰向右转，右手臂随之向右拉开，走大拇指内外两侧的经筋。

图 2-3-10 　　　　　　　　　　图 2-3-11

野马分鬃的用法也是踢打摔拿都能用。例如，我左手抓住敌左腕，右手伸入敌左臂下，用右肱抵住敌左臂腋下，右脚管住敌左腿，可向前发劲将敌撞出（图2-3-12）；也可向右发挒劲，将敌向后扔出（图2-3-13）；也可下打上挒，用右膝发劲，将敌打倒（图2-3-14）。要点是，左手要下采，右肱上掤，把敌左臂拉直，管住，严防敌人用肘，也可变下步跨虎，将敌打倒（图2-3-15）。还可变单手别子，把敌摔倒（图2-3-16）。也可左手顺势抓住敌腿，走左野马分鬃，将敌挒倒（图2-3-17）。

图2-3-12

图2-3-13

图2-3-14

图2-3-15

图 2-3-16   图 2-3-17

四、六封四闭

六封四闭的意思，太极拳爱好者大都百花齐放，说法不一。老拳师们的说法"六封"是封住敌人的手足、肘膝、肩胯共六个部位。"四闭"是关门闭户和闭住自己的呼吸，专注于敌人的动向，也就是听劲。

举例说明。敌人在我右前方，右手来拳，我右手向右走化，敌人出左手穿喉，我出左手翻掌向左走化，我两手的劲是向左右横开的，敌人两手交叉着的劲是向里合的，我前（右）腿套管敌人前（右）腿，这样就很好地封住了敌人的六个部位（图2-4-1）。这时是我顺敌背，按拳论"我顺

图 2-4-1

人背谓之粘",而对敌人来说正相反,是"人刚我柔谓之走",所以敌人必走无疑。按照拳论:"彼不动,我不动,彼微动,我先动。"这时,我听敌人的劲,一是屏住呼吸,感觉灵敏;二是手听上肢,腿脚听下肢;三是眼睛观察敌动向。其实这时最关键在腿脚的听劲上。敌若动先撤腿,敌下腿微动,我上手快发,敌必后跌(图2-4-2),实验结果屡试不爽。以上所说的六封四闭用法很复杂,其实,六封四闭动作最简单的用法是敌人右拳打来,我右手后捋,在转腰的同时出左手将敌打出即可(图2-4-3、图2-4-4)。

图 2-4-2

图 2-4-3

图 2-4-4

我认为以上说的是狭义上的六封四闭。广义上的六封四闭，"六封"是封住敌人上下、左右、前后六个方向的来拳，是从空间立体角度来阐述的；"四闭"是指我的一个面，是从上到下的一个平面角度来阐述的。六封四闭也好，如封似闭也罢，我们没有必要在文字上做文章，要通过文字看本质，领会其真意。总之一句话，六封四闭就是老前辈们说的，"看住自己的门，别让敌人打进来"。怎样才能看住门呢？到成都参观，看到武侯祠大门前的女儿墙横挡在大门前，很受启发；畅游三峡，观夔门前面的白帝城如一哨兵把守着夔门时，立即对六封四闭有了更深一步的理解。上面肩肘手，下面胯膝足，六个部位都要严阵以待。如果到北京看到新华门里面的女儿墙时，你又有一番新的感悟，不但外面要封住门，而且门里也要有把守才行，这样就不只是肩肘手、胯膝足六个关节部位了，人体的各个部位如头、胸、丹田等都加在一起，那就是遭到何处何处击了，也就是守中有攻，攻中有守，这样理解六封四闭才是最全面的。

六封四闭就招式和劲法而言，它与搂膝一式是一对正反劲。六封四闭是从左上方向右下方合劲；搂膝是从右上方向左下方合劲。用法是掤出去，将过来，然后再打出去。一个变式就是双推手，形意拳叫虎扑，也有叫双撞掌的；稍一变化，又是抱头推山，打起来非常灵活。走掤劲、走按劲、走挤劲都可以，关键是步法到位才行。"未等打人先进身，手脚齐到方为真""手到脚不到打人不得妙，手到脚也到，打人如摧草"。步法到位，身形换得灵，手法才能打得巧妙。不仅六封四闭如此，其他式子也一样。

五、单鞭

单鞭一式在太极拳大架里最为重要。太极拳式诀里有"一式单鞭最为雄，一字长蛇画西东"之句。是取常山之灵蛇、击首则尾应、击尾则首应，击中间则首尾皆应之意境心法。众所周知，太极拳招式，取自戚继光《拳经》三十二式中的二十九个式子，在《拳经》第一式里，有"懒扎衣出门架子，变下式霎步单鞭"；第二十四式"一条鞭横直披砍，两进腿当面伤人"；第四式"拗单鞭黄花紧进，披挑腿左右难防"。具体用法，踢打摔拿掷全部包含在内。可避让、可踢弹、可推击、可擒拿，可快步跟进，封敌退路，可控制敌人随后反击，使用起来灵活方便，搭手就用。故有"钢鞭一式追人魂"之说，形容单鞭发力凶狠毒辣。从《拳经》第一式"霎步单鞭"的"霎步"来分析，是指步法快的意思，上步就打出手便是。从第二十四式"一条鞭横直披砍"分析，单鞭可以连披带砍，可走从上向下的劲，也可走左右劲，既刚猛又灵动，不仅如此，单鞭可以划出千招万式来。我们看大架七十多个式子中，六封四闭、单鞭就出现过七次之多，起到承上启下，连接左右招式的作用。单鞭与大架里二十多个式子的排列与组合能产生出千变万化的招式来。由此可见，单鞭在太极拳中的位置极其重要。我们若把太极拳的式子都弄明白了、熟悉了、消化了、理解了，其实所谓招式招法就是式子与式子间的排列组合。招式多多，这辈子也用不完，所以，在懂劲后，就不求其招，而找其劲了。找到了劲，千招百招可化为一劲，有了一劲也可化出百招千招。招是有形的、固定的，劲是无形的、灵活的。劲是招式的发展和提炼。"由着熟而渐悟懂劲"，懂劲是太极拳修炼程度的标志，是分水岭。懂劲了，太极拳的修炼即登堂入室了，不到懂劲程度，可以说太极拳只是入门，还在室外。用一个形象的比喻就是懂劲前是小孩，还没有长大；懂劲后是小孩已长成大人。懂劲的和不懂劲的比试，就如同大人打小孩一样轻松。

六、白鹅亮翅

陈式太极拳里有一式叫白鹅亮翅。但随着练陈式太极拳的人数的增多，心得体会的增多，我发现很多人把白鹅亮翅的"鹅"字改成了"鹤"字，很多书籍资料都叫白鹤亮翅，我在写《太极拳能速成吗》一书时，也考虑到：一是鹤比鹅珍贵，大鹅大众化，仙鹤是稀少物种，有档次；二是鹤比鹅有意境，飞的高有轻灵感，有精气神，是长寿的代名词，故也用的是白鹤亮翅。直到一个偶然的机会，让我见到了真正的白鹅亮翅后，才觉得还是用"鹅"字更合适，更准确，更形象。

2006年的夏秋季节，我同往常一样，练完拳，顺着江边往回走，在一个拐角处，看到一只大狗带着一只二三个月大的小狗在路边玩耍，再往前走二十多米处，有一只大鹅，带领着二十来只小鹅，向着狗的方向（相向）游走，由于小鹅太多，战线拉得较长，大鹅为了照顾后面的小鹅，落在了队伍的后面，这时，走在前面的小鹅已到了小狗的面前，小狗本来就很调皮，看到小鹅们走过来，就凑上去，抬起两只小前腿就往小鹅身上扑，小鹅吓得呱呱乱叫，二十米以外的大鹅听到小鹅的求救声，只见，这只大鹅伸着脖子，两只翅膀扑棱着，两只带蹼的脚奋力地向前飞奔，整个身子呈半飞半跑状，转眼间到了小狗的跟前，不容分说张开右边翅膀就向小狗扇去，一翅膀将小狗从道边打到了道路的中间，足有一丈开外，然后迅速掉头张着两个翅膀赶着前面的鹅群回返。当小狗叫起来，大狗听见赶来时，大鹅护着小鹅们已有了一段距离。二十米开外转眼即到，足以说明大鹅的轻快劲，张开翅膀将小狗拍打到道路中间，动作干净利落，护着小鹅群迅速回返，说明大鹅聪明有经验，总体说：大鹅反应敏捷；大狗只是慢跑了几步便停了下来，一是小狗已没有危险；二是大狗对大鹅有所顾及，从中证明大鹅有实力。以前我只看到过大鹅用嘴拧人，不知道大鹅会用翅膀扇人。这一幕印入了我的脑中。之后我对白鹅亮翅一式的用法有了新的认识，以前使用白鹅亮翅时，是用向外的开劲，现在则用里合劲。并与海底翻花配合起来用，一正一反，非常好使有效。摔人时干净利落。

七、斜行单鞭

我所理解的斜行单鞭是除了头正、心正之外其他之处都应该是斜的，也就是指四隅角。例如头和胸部正对东方，那么左腿左足所在之处应该是东北角；右腿右足所在之处应该在西南角；左手左臂应该在西北角；右手右臂所在之处应该在东南角。这个四隅角不是指地面的四个角，是指身体的四个方向，这样才能做到支撑八面，没有方向感。

斜行单鞭主要是打法和摔法。如敌出右脚踢我左侧膝、胯、肋部时，我可用左手走化或者缠抱来腿，同时右手前击敌胸、腹或来腿之胯处（图2-7-1）；并根据当时情况也可击敌头、脸部或裆部取胜（图2-7-2）。也可用摔法，即左手缠抱住敌来腿，同时出右手搭敌脖颈处（图2-7-3）；腰向右拧，两手随腰一起向右发劲，将敌向右后方摔出（图2-7-4）。如果敌不给，用劲后挺，则反向发劲，也就是腰手同时向左发劲，将敌向我的左前方摔出（图2-7-5）。如果敌方身壮腿沉力大，也可在左手缠抱敌腿的同时，用右手抵于敌右腿胯根处，上右步，腰手同步将敌摔出（图2-7-6、图2-7-7）；还可以左手缠抱敌右腿，同时上右步套住敌支撑腿，身体前拥或手击或肘顶或肩靠或胯靠将敌向我前方击出（图2-7-8）。

图2-7-1

图2-7-2

图2-7-3

图2-7-4

图 2-7-5 　　　　　　　　　　　　图 2-7-6

图 2-7-7 　　　　　　　　　　　　图 2-7-8

以上是敌出右腿我出左手缠抱的打法和摔法。当敌出左腿踢击时，我也可以出右手缠抱敌左腿然后出左手击敌，也可以抓敌肩将敌摔出，摔法也是左右前后均可。左右手在敌腿里侧缠抱和外侧缠抱均可（图2-7-9、图2-7-10），怎么方便怎么缠抱，不必拘泥。左手缠抱时，是左斜行单鞭，右手缠抱时是右斜行单鞭，招式劲法对称，唯方向相反。总之，斜行单鞭用法简单灵活，快捷好用，搭手便是。实战中，从打法角度讲，把斜行单鞭与披身捶、形意的劈拳结合起来用，效果更好（图2-7-11、图2-7-12）；从摔法角度讲，可把斜行单鞭与伏虎结合起来用收效更妙（图2-7-13~图2-7-15）。

63

图 2-7-9

图 2-7-10

图 2-7-11

图 2-7-12

图 2-7-13

图 2-7-14

图 2-7-15

    2004年十一长假期间，我去牡市练拳，在馆里遇到师侄小崔。小崔二十出头，身强体健，曾是某公司领导的司机，企业改制后，搞医疗器材，平时爱打爱闹，在社会上小有名气。小崔听人议论，师父说我进步快，不太服气，话语间我也感觉到有比试的意思。小崔要与我推手，我同意了，搭手间，小崔就要抬前面右腿踢我，我的右手通过他的右手（听劲）已经感受到了他的意图，便迅速逆缠走捋捌劲，破坏他的重心和平衡。他的脚想抬没能抬起来，我乘机左脚前搓插管其前脚，身体前行左手搂抱住小崔前面右腿上提，右手搭住其右脖颈处，同时向右发劲，将其摔到我的右后侧。小崔起来呆了两分钟，又说：师叔再摔我一下，我再感觉感觉。我说：好。随即，左手抱起其右腿右手搭其右侧脖颈处，向右发劲，这时只见小崔身体后挺，于是我改向前击肘，击其胸部，将其向前打倒，使其后仰翻跌。小崔爬起来，过了两分钟又说：我还想试试。我说：好。我左手抄起他的右腿，右手上前去搭其右侧脖颈，结果小崔早有准备，用右手下按我的右手，我的右手顺势改劲按到他的右胯根部，上右步，腰向左转将其摔了出去。小崔又试了两遍，我分别左手抱其右腿右脚插管其后腿，将其撞了出去；最后一次，右手抓其右肩，将其向左甩了出去，就这样，仅用斜行单鞭的摔法我将小崔摔了五个跟头。小崔起来问：还有几招？我说：还有，再试试？小崔连连摇头说：不试了。

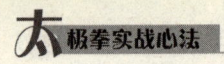

八、搂膝

搂膝一式可以理解为我搂敌膝，也可理解为敌搂我膝，这一式可敌我双方互用。当敌搂我膝时，至少有三招：一是我可两手在前腿两侧重心后移，顺在敌手的两手里侧，发捋捌劲，将敌方两手化开（图2-8-1），然后借敌手之劲，右手击打敌手的胸或脸部（图2-8-2）；二是可前膝借敌方两手缠抱之劲上顶（图2-8-3），同时两手下按敌方头部，用膝顶击敌方的面部（图2-8-4）；三是后腿后撤半步或一步，同时两手掐住敌方脖颈处向下捋按，将敌方按倒在地（图2-8-5），也可用左手在上面向外推拧敌手头部，右手在下面向里搬拧敌方下颌，（图2-8-6），也可两手上下互换，向外搬拧敌手的头部，使其受制（图2-8-7）。

图2-8-1

图2-8-2

图2-8-3

图 2-8-4

图 2-8-5

图 2-8-6

图 2-8-7

　　2009年3月，在参加香港武术比赛的70公斤级推手中，我就是用了搂膝一招赢了对方，获得冠军的。在70公斤级推手冠亚军争夺战中，我遇到的对手是德国人。白种人比黄种人的基因好，肌肉有力量，四肢像马腿一样结实强壮。比赛一开始，我俩互相缠抱抢位，我的两手死死地掐住了对手的两个上臂肱骨处，与此同时，对手也搭住了我的两个上臂，但没有抓牢，索性他松开手，运用腰劲，两肩左右一抖就把我两手抖开了，我的两个大拇指当时就被挫伤了，回来后两个多月才好。就在我刚刚松开手的瞬间，对手两手迅速掐住我的两臂肱骨处，立即下按。我的力量没有对

67

手大，如果上顶肯定被推出去或被弹出去。这时我只能顺势向下走化乘机搂抱住对手前膝，上右步插套对手的后腿将对手扔了出去。我上前友好地将对手拉了起来，接着比赛。德国人这次抢先两手搭在了我上臂处，重复上回动作，继续下按，我也重复上回动作，继续搂膝，但搂膝时走采挒劲，以防对手顶膝撞脸，就在我搂抱住对手前膝的一刹那，用了一个迎门靠便将对手靠了出去。对手很聪明，在后仰的同时，双手护头落地。说实话，在比赛的前一天我一连想出十多招对付对手的办法来，结果一招也没用上，由此可见实践与认识是有差距的。所以，实践、认识，再实践、再认识，如此循环往复在太极拳的修炼、提炼中至关重要。

九、上三步

上三步踢打摔拿都能用，两手对称左右开弓都行。既能左手化右手打，也能右手化左手打；既能上步化打，又可退步化打。

敌方右手上步冲拳打我胸部、脸部，我用左手顺时针划立圆走化来拳，同时右手出拳击打敌方的头部或胸部（图2-9-1）；也可右脚击敌裆部（图2-9-2）。如敌方右手来拳击打我腹部，我可左手下按来拳，同时右手击打敌手头部和胸部，也可右脚弹击裆部或蹬踹腹部。

图 2-9-1　　　　　　　　　　图 2-9-2

当用于摔法时，如敌方在我右前方，左腿向我右侧膝胯肋部踢扫，我用右手接抱来腿，同时上右步（图 2-9-3）；左手按在敌手的腿上，拧腰发劲，将敌手向右侧发出（图 2-9-4）。敌手在我左前方，右腿向我左侧膝胯肋部踢扫时，我用左手接抱来腿，同时上左步（图 2-9-5）；右手按在对方腿上，拧腰发劲，将对手向左侧发出（图 2-9-6）。若敌手在左右两侧踢扫我膝胯肋部，我可用懒扎衣将对手摔出（参见图 2-3-1～图 2-3-3）；若敌手在左后方或右后方向我踢扫，我则用白鹅亮翅将对方发出（图 2-9-7～图 2-9-11）。

图 2-9-3

图 2-9-4

图 2-9-5

图 2-9-6

图 2-9-7

图 2-9-8

图 2-9-9

图 2-9-10

图 2-9-11

其实，上三步、懒扎衣、白鹅亮翅所用招法相同，只不过方向、角度上有变化而已，但劲法已变，完全不一样了，意变形变，形变意变，意随形变，形随意变，意随形生，形随意转。切记！这是招式、招势与劲法相结合的精髓。从内劲走向上讲：我的感觉上三步走的是足胃经筋和足肾经筋；懒扎衣走的是足胆经筋和足肝经筋；白鹅亮翅走的是足脾经筋和足膀胱经筋。在此抛砖引玉，对于其他式子可举一反三，以此类推。

2009年4月的一天，师兄邀请师父的儿子立祥到我的武馆里来交流，立祥本来是练临清弹腿和沾粘捶的，讲究以力胜人，对太极拳打法持怀疑态度。切磋时我俩出右架，右手相搭，立祥不以为意，用左手换下右手，右脚向右横跨一步，同时右拳向我右肋腹部打来，我用上三步的招法，左手向里划立圆走化，同时右手出拳击打在他的脸上，出于礼貌，我只是用手拔拉一下他的脸，他不但不领情，还说我的拳没有劲。第二次他重复上次的动作，这次我在左手走化的同时，右手打了他的眼睛，他左手捂着眼睛，我说再击裆行不行，他立即回答：行行行！其实太极拳练到一定火候，在打击对手时对"度"的把握是有分寸的，能达到尺寸分毫中分毫的程度。在修炼功夫的同时对心性的修炼也上了层次，为此出手时，总是留有余地，点到即止。这样总是给对手以错觉，认为你的拳没有力量，如果真打坏了，赔钱不说，也做不成朋友了，很可能成为仇人，正是基于这样的考虑，太极拳手往往不与人计较输赢，甚至让你打不着即可。这是用太极思维来指导行为规则的人生态度。敬请大家尊重，不要亵渎。

十、披身捶

顾名思义，披（同庇）身捶就是庇护身体之意。披身捶的打法是两手相合后向下捋化敌方的双手。

单手用时，可用左手捋化敌方来手（图2-10-1）；同时出右手，从身体右下方向敌人头部打去（图2-10-2）。类似拳击的摆拳，但不是横摆，走的是从右到左、从下到上的弧线。击打时内三合和外三合都要合住劲，也可右手捋化左手击打，动作要求一样，唯方向相反。

图 2-10-1

图 2-10-2

如敌人出的是腿时，可先结合斜行单鞭组合打击。敌人出左腿时，我用左手走斜行，搂起左腿，这时敌方要出拳打我，我则用右手走披身捶管住敌来手（图 2-10-3）；左手向左发劲将敌方左腿弹出，瞬间向敌打披身捶（图 2-10-4）；敌人出右腿时，我用右手走斜行单鞭，搂起右腿，左手管住敌方来手（图 2-10-5）；右手发劲右弹，在将敌腿弹出的瞬间，用右手走披身捶击打敌头部（图 2-10-6）。

图 2-10-3

图 2-10-4

图 2-10-5 　　　　　　　　　　图 2-10-6

　　披身捶之后暗含有一个左背折靠。左背折靠在大多数情况下，可将拿法和靠法相结合。敌人出右手打来，我用右手接住敌手腕，左手接住敌肘部（图 2-10-7）；两手逆缠，腰先左后右转，左肩向前发靠劲，将敌手臂拿住（图 2-10-8）；或将敌手臂靠折。

图 2-10-7 　　　　　　　　　　图 2-10-8

　　左背折靠后，右手还藏着个撇身捶，就是向右转腰的同时甩右拳砸出（图 2-10-9），类似形意拳的劈拳。可与迎门肘结合使用（图 2-10-10）；可与小架的金刚捣碓结合使用（图 2-10-11）；也可与猿猴献果、倒卷肱组合使用（图 2-10-12）。盘拳走架到藏着的撇身捶时，是右手旋转划圈后发劲打出去一拳。这一拳看似简单，内涵丰富，这个划圈，既可以用于走化敌方来力，也可用于采捯敌方手臂再出击。一拳之后，接着是发劲打肘，这个肘法的劲路可由下向上（图 2-10-13），可由右向左（图 2-10-14），走直线也可走弧线，是很灵活的。

图 2-10-9

图 2-10-10

图 2-10-11

图 2-10-12

图 2-10-13 　　　　　　　　　　　图 2-10-14

顺便讲解一下青龙出水。因为行拳时，青龙出水与披身捶、背折靠是一气呵成的。青龙出水是在打肘后，腰右转，右腕向下先顺后逆缠，随腰先右后左转向前打出；拳轮向外，击打点在拳轮上，打击敌人的裆腹部位（图 2-10-15）。出拳时，可走腰的左右旋转劲，也可走裆胯的开合劲，旋转劲灵，开合劲大。击打之前左手有个向前的蓄劲，这是练体。练用时，这个蓄劲可作合劲用，如果在出青龙出水尚未打出时，被敌方管住，敌方来拳打我胸腹部，我左手可逆缠里裹，管化来拳，也可直接用合劲击敌（图 2-10-16）。再打出右手青龙出水，还可向上外翻击打敌脸部和胸部（图 2-10-17）。类似形意拳的钻拳。

图 2-10-15 　　　　　　　　　　　图 2-10-16

图 2-10-17

　　青龙出水后的右背折靠，与左背折靠相反，是向后靠打。外形是肘下垂，手上提至肩，上臂与肋部构成三角形，同时与前臂也构成三角形。这样右臂能合住劲，发劲时力整劲大。发劲时，手、肘、肩、臂像一扇门一样，向后靠出（图2-10-18）。打法很灵活，因背折靠是短距离打法，故发劲前，必进步套插，不管是套是插，必欺身逼进才行。

图 2-10-18

十一、双推手

　　双推手可左右互用。

我将敌方手从右向左将过来（图 2-11-1），然后折身回返击敌胸部（图 2-11-2）；也可在对方左手打来时，我向其右侧躲闪（图 2-11-3）；在其旧劲已过，新劲未生时，迅速折身回击，两手推击对手的胸部（图 2-11-4）。

图 2-11-1

图 2-11-2

图 2-11-3

图 2-11-4

双推手从外部表现形态上看，与六封四闭相似。六封四闭是两手从左侧上方向右侧下方按，而双推手是向右前方推出。两者劲法有所区别：六封四闭是两手从左侧合起劲后再转腰向右侧合劲发力；双推手是两手从左侧合起劲后，折身向右脚前方合劲发力。习练时，意想两掌跟向右脚大拇趾合劲发力，有点形意拳的黑熊翻背的感觉，还有点心意六

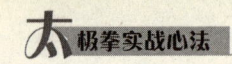

合拳蛇出洞的味道。区别是：黑熊翻背是单手或双手由左侧向右侧翻身下砸（图 2-11-5）；蛇出洞是右手走化或预防敌手来拳，左手向右前方合劲，穿击对方的颈部喉部（图 2-11-6、图 2-11-6 附图）。虽然双推手与形意拳的虎扑相似，但劲别不同。虎扑的劲和抱头推山的劲相同，走的是脊椎劲，是身备五弓的大弓，故劲大力雄。

图 2-11-5 　　　　　　　　　　图 2-11-6

图 2-11-6 附图

我在与老田研究这个招法时，使用定步双推手，收效甚微，分析原因，一是定步大势上不去，没有力度；二是老田身强力壮推不动。后来我们实验用活步，稍加变化改成翻背用腰脊劲，变双手向前推出为双手向前方其头部胸部下砸。实践证明效果很理想。一是活步有了动势；二是由腰劲添加了折转的腰脊力量；三是多了一个由上向下的惯性势能。故此，打出去的拳力量很重，让老田感觉难以招架。这样，动起手来，不但可以从左侧向右侧前方打出，还可以从右侧折身翻转向左前方打出，达到左右互用，收效甚佳。

十二、肘底捶

肘底捶也叫肘底看拳，是陈式太极拳五大捶之一，很有特点，即左手或左臂将敌方缠住后，右手捶随转腰向左发劲，击打敌方的肋部或胸部（图 2-12-1）。

图 2-12-1

肘底捶也可变化成手底捶，即右手拳藏在左掌根部，左掌与右拳合住劲，可掌拳前后互用。例如，敌方出右拳打来，我左掌向下走化，如果被敌方拿住，左掌可顺势向后领带，那么左掌下面的右拳发劲即可打击敌方的胸腹部（图 2-12-2）。如敌方将右拳拿住（图 2-12-3），则我右拳可顺势回带，右肘向后发劲，同时出左掌打击敌方的前胸部（图 2-12-4、图 2-12-4 附图）。肘底捶用法也可变化成形意拳的崩拳，压打。压打可分用左手压右拳打和左肘压右拳打，也可用左前臂压，右拳打。手底捶既可挑打也可压打，使用起来方便灵活。

图 2-12-2 　　　　　　　　　　　图 2-12-3

图 2-12-4 　　　　　　　　　　　图 2-12-4 附图

　　由于我常给徒弟们拆拳讲劲，时间长了，凡我亲手教的徒弟，都有个半仙之体。在我给他们拆招时，也能走化来劲，并出手对我还击，而且徒弟间也经常切磋交流，给每天晨练带来快乐，为此我也非常得意，徒弟们都说：每天早晨的练拳是一天中最快乐的时光。一次，我在给七徒弟讲解小擒打拳理，边说边做动作，左右手先顺缠合住劲，然后腰向左转，同时两手翻掌逆缠，向其胸前击去。为了讲解清楚，我又在他的身上重复了两次小擒打的打法，第三次当我两手翻掌时，被他的前手按住了，当时左掌已被控制住，无法逆缠外翻击打，我只好左掌根顺势下沉，右掌变化成拳，在左掌下沉的同时，右拳从左掌根的下面打了出去，打在他的腹部。他惊讶地说：这是啥招啊？我回答：肘底看拳。他捂着被打的腹部，苦笑

着说：这也太绝了。他本以为控制了我的前手，心里很得意地想，看你能怎么样，没想到我顺势手腕一沉，同时发劲，右拳击出，没想到会是瞬间被打的结果。趁着徒弟们的兴奋劲，我又把小擒打的多个变式、化劲（参见图2-24-1~图2-24-24）讲给他们听，以增加记忆。

十三、倒卷肱

倒卷肱也叫倒卷红。"肱"是指上臂肱骨。倒卷肱说的是该动作倒退着翻转肱骨向前方推出之意。"肱"音读"工"，但人们往往会自觉不自觉地读"红"；"红"是指出手见红、开门见红之意。倒卷红说的是做动作时，双臂反云手不停地翻卷以挡住对方的攻击之意。至于读什么音叫什么名不重要，重要的是把握这一式的动作要领，理解其技击含义。拳诀有"进在云手，退在卷肱"，是说向前进步攻打时用云手，向后倒退时用倒卷肱防守反击。

倒卷肱一式踢打摔拿都包括。

倒卷肱踢法举例说明：当敌手出右拳向我打来，我出右手搭其来拳手腕处（图2-13-1）；先逆后顺缠，划立圆控制来拳，随即起右脚踢其裆部、腹部和肋部（图2-13-2）。需要说明的是，在习练倒卷肱撤步时，要先将前腿抬起，做弹踢的动作，或者要有弹踢之意，然后再撤步，否则平时不练习，用时不管用无效果。

图2-13-1　　　　　　　　　图2-13-2

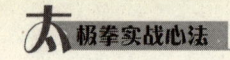

倒卷肱摔法举例说明：敌手出左拳向我打来，我左手搭其腕（图2-13-3）；右手搭其肘，顺势后捋，敌手必后挺，我借势上步，变懒扎衣或野马分鬃或抹眉红将其摔出（图2-13-4）；也可顺势拿住其手、肘（图2-13-5）。实战中，我的经验是要以踢打为主，因为腿重手快，当双方缠抱到难解难分时，则用擒拿为好。

图2-13-3

图2-13-4

图2-13-5

倒卷肱打法举例说明：当敌手出右拳打来，如果我走偏门，右手控制其腕部，左手击脸部或颈部（图2-13-6、图2-13-6附图）；如果我脚踏中门，则左手控制其腕部，右掌击脸部或咽喉或胸部（图2-13-7）。如果对手出左拳打来，如上所述，左右手互换位置，方向相反，此不赘述。拳诀虽有"进在云手，退在卷肱"一说，实践证明，当达到知拍节的程度时，"退在云手，进在卷肱"，使用起来更妙。

图 2-13-6 　　　　　　　　　　图 2-13-6 附图

图 2-13-7

2009 年 9 月，去韩国清州进行太极拳、剑交流时，由首尔去清州途经《大长今》录制现场。在那里我买了一个拍打经络用的健身器材。长约五六十厘米的竹板，中间割开一道缝隙，里面是镂空的，头部相连，呈两片状，拍打时清脆带响。当韩国小朴（着浅色衣服者）与我（着深色衣服者）切磋剑道时，我拿着这根竹板做兵器，小朴不解，我示意没关系。小朴与我相向并立，有两步距离，我示意他先出招，他右手持剑，一个大

弓步向我左腹部刺来，我左脚后撤，腰向左转躲过来剑，同时出右手，竹板打在其腕部（图 2-13-8）。他的剑掉到了地上，左手捂着右手腕部，问道这是什么招？我回答：倒卷肱。过了一会，小朴还要试试，他的剑不管是击左腹，击右腹，还是击腹部中间，我用的都是倒卷肱，且三中其腕，小朴很服气。其实，剑就是手臂的加长。

图 2-13-8

十四、闪通臂

闪通臂的招法在大多数书里、网络视频上看到的是摔法。就是两手抓住敌方来手（图 2-14-1），拧腰翻转，同时，腿偷步，借助转身180°，将敌方从身后摔到身前（图 2-14-2）。如果敌方体重过大，可以从体侧通过腰脊的左右旋转将人连带加摔到身前倒地（图 2-14-3）。这里的技巧可引用形意拳的秘诀叫"肩在手前，手在脑后"。是反身打法，两臂要合住劲才劲整。

闪通臂也有打法，如敌人在身后抱住你的腰时，可身体迅速略前倾斜（图 2-14-4、图 2-14-4 附图），用右肘击打敌手的右侧脖子（图 2-14-5）；如敌手向左侧躲闪，可迅速抬左肘击打敌手脸部（图 2-14-6）。技巧是抬右肘击打时，腰向右转，发劲，腰肘同步劲整。当抬左肘击打时，腰向左转发劲，腰肘同步劲整力大。其实在右肘击打时，左手可打指裆捶击打前方来敌裆部腹部，左肘击打时，右手也可打指裆捶击打前方来敌。

直指太极拳——拆拳、讲劲、用招、实战

图 2-14-1

图 2-14-2

图 2-14-3

图 2-14-4

图 2-14-4 附图

图 2-14-5

图 2-14-6

85

以上是转身前的打法，转身后，两手胸前交叉，同时右腿抬起，只有左腿支撑地面（图 2-14-7）。这时可分出几种情况。一般情况下，如果敌人进右拳我可出右手捋化来拳，右腿趁机弹击敌裆部（图 2-14-8）；也可用脚跟蹬击敌腹或膝关节，如敌人进左拳，可用左手捋化来拳（图 2-14-9），右腿趁机弹击或蹬击敌人（图 2-14-10）。这时，身向左转，右脚蹬出就是蹬一根（图 2-14-11、图 2-14-12）；如果腰向左转右脚蹬出就是玉女穿梭（图 2-14-13）。也可右腿向前上步，另一手击打来敌（图 2-14-14、图 2-14-15）。也可右腿向下震脚，同时，上左步，另一手击打来敌（图 2-14-16、图 2-14-17）。如果敌人来势凶猛，右腿可向后退步，同时另一手击打来敌（图 2-14-18）。也可右腿向下震脚，同时左腿退步，另一手击打来敌（参见图 2-14-1~图 2-14-15）。技巧是尾闾内卷，右脚才能用上劲。

图 2-14-7

图 2-14-8

图 2-14-9

图 2-14-10

直指太极拳——拆拳、讲劲、用招、实战

图 2-14-11 　　　　　　　　　　图 2-14-12

图 2-14-13 　　　　　　　　　　图 2-14-14

图 2-14-15 　　　　　　　　　　图 2-14-16

87

图 2-14-17 　　　　　　　　　　　　图 2-14-18

　　以上是转身后的踢法和打法。其实右脚落下后，无论是上左步还是上右步，都可变化成单鞭用掌将敌人击出（图 2-14-19）。也可转化成掩手捶（图 2-14-20）或懒扎衣将敌打出（图 2-14-21）。闪通臂也有拿法：转身前敌人如果出右手，我则用左手大拇指抵在敌人手背中渚穴部位，其余四指搭在敌人右手的大鱼际处顺缠拿住敌人手和臂同时出右手击打敌人（图2-14-22）。技巧是在顺缠的同时转腰，达到腰手同步，如果来敌出左拳，我则用右手，动作与左手对称，只是方向相反而已。

图 2-14-19 　　　　　　　　　　　　图 2-14-20

图 2-14-21　　　　　　　　　　　图 2-14-22

十五、云手

云手在太极拳里称母式。云手一式可变化出十式，十式可化出百式来。故单用踢打摔拿搠来解释云手的用法未免浅薄，云手与倒卷肱的上肢动作正好相反对称。十八在诀有"进在云手，退在卷肱"之句。云手是向前进步的同时，两掌由里向外向前划圆；倒卷肱是向后撤步的同时，两掌由外向里向前划圆。如果把太极拳理解透了，退步倒卷肱能变化成进步倒卷肱，同样进步云手也能变化成退步云手。有的太极拳小架和忽雷架的云手就是退步，而且手的动作同倒卷肱一样是由外向里划圈的。把云手练好了，终身受用。可以肯定地说：一是练好云手敌人根本打不着你，你却可以随时打到敌人。二是到百八十岁时，腿脚慢下来了，太极拳不能成套习练了，只练云手一式就可达到练全套太极拳的目的。实话实说，自从2003年学习太极拳以来，与人交手不下百次，近五年来，在交手时我都是用退步云手进行防守御敌的，很幸运至今还没有人能打到我。在还手反击时，我基本上用的是倒卷肱，加左右擦脚或是玉女穿梭，而且连连得手，屡试不爽。

对云手和倒卷肱的专项训练，很有讲究。一是快。无论进步、退步，慢了不行，否则应用时：进，上不去；退，下不来。二是连贯性。进，能连续不间断地进四步；退，也要能连续不间断地退四步。在这两式的训练

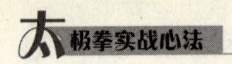

中一定要下大工夫卖大力气。只有这样才能够应付得了敌人的猛烈进攻和迅速后退。功夫水平一般者,交手时只能进两步,退两步,到第三步时,往往是进,跟不上;退,撤不出去。机会恰恰在这个时候产生。这个时候,一是敌手心慌意乱;二是敌手只能招架或者难以招架。拳论有:犯了招架就是十下。在这时打击敌手,怎么打怎么是,往往连续出手发劲,在雨点般的拳头的猛烈打击下,可想而知了,输赢立判。

十六、高探马

高探马的"高"说的是身架。虚步为高,弓马步为中,仆步为低,故高探马应为虚步高架。高探马的"探"应该是伸出手臂去触摸的意思;探马,就是象形取意,指马竖立前蹄向前伸出去蹬踢击撞的意思。在少林拳、太极拳里皆有高探马之式名,唯用法、劲别不同。戚继光《拳经》三十二势中的第三式:探马传自太祖,诸式可降可变,进攻退闪弱里强,接短拳之至善。懒扎衣、六封四闭、双推手、抱头推山、前招后招的定势可以看作中探马。

高探马的用法,多以左手擒拿敌方手腕,上右步转腰掌击,或退左步以腰带臂反云手,走倒卷肱内劲,左手内引,右手顺势沿被我擒拿的手臂击敌方头颈(图2-16-1);也可顺沿被我擒拿的手臂底部先发挒采劲后,再向对手颈部或下颌部击打(图2-16-2、图2-16-3)。

图 2-16-1

图 2-16-2

图 2-16-3

高探马的打法大多用手，我师父刘振河却用腿法。一次，我（着浅色衣服者）与刘师（着深色衣服者）试手，我摆出右架，即右手右腿在前，刘师摆出左架，即左手左腿在前（图2-16-4）；只见刘师右脚向其左侧上步，整个身形横在我面前（图2-16-5）；我见机会难得，立即上步出拳奔刘师打击，殊不知刘师是专门摆好的架势，就等我上当呢，见我上步出拳，刘师一个转身高探马，左脚将我打倒（图2-16-6）。起来后，刘师给我讲，一般高手过招时，都会像下棋一样，摆个局，专门设置个漏洞，就等你钻，只要你上钩，准上当。当刘师上右步向其左侧也就是向我右侧进步时，就是一个局，我以为他是上我右侧走偏门过招呢，其实他这个局和八卦掌正常上步一样，没什么区别，只是上步时，身形有点横着而已。

图 2-16-4　　　　　　　　　　图 2-16-5

图 2-16-6

紧接着，刘师又给我设了个中探马的局，就是用小架的懒扎衣动作，右手右脚在前，右手稍前稍上与肩齐，左手稍后稍下放在心口窝前（图 2-16-7），重心在右脚，左脚虚步，脚尖点地。当敌手打来时，可前后脚虚实互换，即前脚虚后脚实。这样整个左脸左颈左胸露在外面，没有设防，敌手一定上来打左脸。只要敢来打，一定上当。大约 2012 年初，一个自称是辽宁省拳击冠军的徒弟来与我试手，我用了这个局。拳击手本是在你没有缝隙时，想办法让你露出漏洞，他看到我故意摆出的漏洞时，以为捡了个大便宜，一个右直拳刺来，正中下怀，我右手捋化并迅速回打，弹在其眼睛上（图 2-16-8、图 2-16-9）。

图 2-16-7 　　　　　　　　　　图 2-16-8

图 2-16-9

不单拳法是这样，刘师的剑法也有很多这样的局，只要你上钩，就一定会吃亏上当。因为设局者已经深思熟虑，千锤百炼，运用自如。入局者，往往不知深浅，盲目乐观，轻视大意。正所谓："胜招不如取势，取势不如谋局。"刘师给我摆的低探马局就是个剑势局。他（着深色衣服者）上右步，右手刺我（着浅色衣服者）一剑后（图2-16-10）；重心后移，一个下势，扑了下去，右手持剑收回到左胸前（图2-16-11），剑尖似指非指着我，右脚右腿暴露在外，我见有机可乘，上步刺剑扎脚面，就在剑即将扎上脚面时，刘师右腿收回撤到身体后面，同时右手迅速出剑，击我手腕（图2-16-12）；这时我的前腿刚刚落地，右手剑刚刚击出，手脚都来不及抽招换式，只能眼巴巴地看着被刺上（图2-16-13）。

图 2-16-10

图 2-16-11

图 2-16-12

图 2-16-13

十七、左右擦脚

左右擦脚的用法，主要是用脚踢击对方的裆部、腰部和下颌部位。手与脚的配合互击是为了战术上的考虑，上惊下取，协调配合。当然，也可以反着用，即下惊上取。下面是虚脚而上面是实拳。可根据具体情况灵活运用。套路中，在右擦脚之前，有一个左脚上步，也很重要。可以用于截击敌人的小腿迎面骨或膝部（图 2-17-1）。在右擦脚之后，左擦脚之前，右脚有个前脚掌外摆的动作，也很重要，可以插管敌人的脚踝使敌受制并向前顶膝使敌倒地（图 2-17-2）。

图 2-17-1　　　　　　　　　　图 2-17-2

使用左右擦脚时，手、脚配合非常重要。如果先出脚，那么手就要紧随其后，如果先出手，那么脚也要紧随其后，十有八九都能奏效。先出脚时，紧随其后的手，可打掩手捶，也可打披身捶；如果你的手与敌手相搭，可打肘底捶；如果敌人武功高强，能撤步躲闪时，可换腿再出左右擦脚；先出手时，需要手的听劲配合，或手能控制敌人时，再出脚，才能奏效，否则敌人会迅速闪躲。

我与别人试手时，如果对方是善意的比试，我往往会用左右擦脚加披

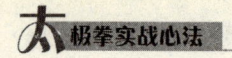

身捶与对方比快慢。如果对方是恶意的，我往往会用左右擦脚加掩手捶或形意的崩拳，将敌人打出去。

十八、左右蹬一根

顾名思义，蹬一根就是用脚跟去蹬、去踹，意念在脚后跟上。一般情况蹬一根用于蹬踹敌人腹部、腹股沟处、膝部、小腿迎面骨和胯部一侧等。这一式分左蹬一根、右蹬一根。可根据具体情况，哪个脚方便，用哪个脚，用法相同，动作对称，从劲别上说可以侧身抬腿向前蹬出，也可正面抬腿向正前方踹出，为什么不叫蹬出，而叫踹出呢？因为蹬出的瞬间，身体转向侧面，拧腰发劲，腿脚向内旋转踹出，这样劲整力大，由于是旋转发劲，一般情况下敌手接不住腿脚，往往命中率高，成功性大。

在套路中，无论是左蹬一根还是右蹬一根，前面都有一个动作，就是两手腹前交叉，由下往上，内翻里裹，然后两臂向前下方掤起，臀部下霸，全身同时发劲。这个动作的用法是：当敌人从身后将你连腰带双臂都抱住的用法（图2-18-1、图2-18-1附图）；其一是两手由下往上内翻里裹，将敌人双手扣住缠住，然后迅速弯腰，把敌人从身后摔到身前（图2-18-2）；其二是两臂向前下方逆缠里裹掤出，同时臀部下霸发劲（图2-18-3）。两臂的动作，其目的是将敌人搂抱的双手、双臂掤开；臀部的动作，其目的是用臀部顶撞敌人的腹部，上下配合将敌击中。如果敌人只抱住腰，不带双臂，也就是双臂在外面能够活动时，则可用闪通臂的招式和用法（参见图2-14-4、图2-14-5），即上前一步，然后迅速向上向后打肘，将敌人打至侧前方。

在教学的过程中，有些新学员经常会问到这样的问题：当别人在身后把我抱住时，我该怎么办？我就给他们讲解闪通背和蹬一根的用法。然后，让他们抱住我进行实验，当在身后只抱住腰时，我就用闪通背；当在身后将我连腰带臂都抱住时，我就用蹬一根前面的这个动作，用臀部顶撞对方腹部，体验者往往是捂着肚子、卷曲着身体喊痛，好长时间才缓解过来。

图 2-18-1

图 2-18-1 附图

图 2-18-2

图 2-18-3

十九、击地捶

击地捶的用法与掩手捶、指裆捶一样，只是方向不同。掩手捶向前打，平打；指裆捶向前下方打，斜打；击地捶是向下方打，垂直下打。

在谈到击地捶的用法时，名家们的说法不一，有的说是去击打敌人的脚面子，有的说是把敌人打倒后，再补上一拳等。而我用击地捶是打敌人后背或后腰，或是上右步后，拳头从上向下砸敌人的胸腹，之后再用后肘上挑敌人的腹部胸部。其实，击地捶的动作与形意拳的炮形很相似，如果往前打，也可打成炮拳，只是劲法有所区别而已。

97

击地捶一般情况很少用到，但在巴西柔术和地面打击中应用广泛。我有一友，在哈市练习巴西柔术，有一次切磋时，他迅速抱住我的前腿，要将我摔倒，我则用击地捶或劈拳砸其后腰脊部（图2-19-1）；然后抓起他的裆部将其大头从下提起，扔在地上（图2-19-2）。

图 2-19-1 　　　　　　　　　　图 2-19-2

二十、二起脚

二起脚又称踢二起，意思是一定要踢出两脚才行。具体动作是左脚虚脚向上抬起，然后右脚向上向前迅速踢出。一般情况下，人们普遍认为，第一脚是虚脚向上抬起的左脚，第二脚是迅速腾空踢出的右脚。其实不然，第一脚应该是腾空踢出的右脚（图2-20-1、图2-20-2）；而虚脚向上抬起的左脚，是为了迷惑敌手和给右脚助力而已。真正的第二脚是右脚腾空踢出后，左脚落地立即迅速弹起向上向前踢出（图2-20-3、图2-20-4）。这时正在下落的右脚又成为给第二脚踢出的左脚以助力。这个动作特别难做到位，需要腿部力量，往往大多数人做不出来而放弃了。长此以往，人们把左脚虚脚抬起，当成第一脚，把右脚腾空踢出当成第二脚，而真正的第二脚省略了、忽视了。所以说：踢二起是左脚助力右脚踢出，然后是右脚助力再踢左脚，两脚踢起时需要速度和力量，二者缺一不可，才能连贯不间断，一气呵成。

图 2-20-1 　　　　　　　　　　图 2-20-2

图 2-20-3 　　　　　　　　　　图 2-20-4

　　二起脚的用法，主要是攻击敌人的上三路。在使用二起脚时，有个前提条件，就是把敌人阵脚打乱后，或是在敌人已露败绩、疏于防范时，往往非常奏效，否则，使用时是很危险的。

　　在击地捶连接二起脚之间有两个过渡动作。一个是左手可以打出个青龙出水，同时右手可以向身后打上一肘；另一个是海底翻花。青龙出水的用法和指裆捶相似，而劲法有别。指裆捶是正面击打敌裆部、腹部、肋部，而青龙出水是从侧面击打。区别是指裆捶用拳面击打，而青龙出水是用拳轮击打。打青龙出水时，往往与其他招式相互配合，如先上击其面，然后下青龙出水。

海底翻花主要是摔法，也有打法，也可摔打结合。可将敌人分别向左右两侧摔出，如果摔不出去，则反向发劲变打法。例如，我抓住敌人两上臂（图2-20-5），向右发劲将敌人发出（图2-20-6）；如果没能摔出（图2-20-7），我则迅速向左发劲，右手打击敌人太阳穴或耳部或下颌部位（图2-20-8）；也可用右肘打击敌人头部、颈部或胸部（图2-20-9）。

图2-20-5

图2-20-6

图2-20-7

图2-20-8

图2-20-9

二十一、护心拳

护心拳是近距离的打法，是在双方缠抱到一起或是纠缠不开时的用法。这种情况下，首先要护住自己的中心线，然后采取缠打结合，化打结合的方法打击敌人。也可以用作肘法。

敌右手抓住我右手试图向外缠拿，我右手顺其劲走化反缠拿，同时，左手搭其右手前臂，向里缠拿走化（图2-21-1）；这时右手与左手劲别对称向外反弹，打击敌人脸部或胸部（图2-21-2）。如果敌人灵敏不给，变劲相顶，或是臂粗力大，我可迅速换劲（图2-21-3）；瞬间左手向外反弹，击打敌人脸部或胸部（图2-21-4）。也可腰向右转，右手向里向回缠拿，将敌臂拉直，左手抵住敌左肘底部，勿让弯曲，同时右臂向前打肘，将敌击出（图2-21-5~图2-21-7）。

图 2-21-1

图 2-21-2

图 2-21-3

图 2-21-4 　　　　　　　　　　　　　图 2-21-5

图 2-21-6 　　　　　　　　　　　　　图 2-21-7

2007年夏季的一天，我的三徒弟安排吃饭，将其同学徐某介绍与我。据三徒弟介绍，徐某从小爱好武术，在上个世纪七八十年代很有名气。饭局结束后，徐某上前与我右手互握的同时，左手压在我的前臂上，欲试我功夫，我当时右手立即下沉卸去其力，左手正要一个护心拳反击，徐某感觉到了力已被化掉，迅速举起双手做投降状，说：好！同时转过身去，面向我的徒弟说了一句：吃得很好！两句话一个转身同时说出。我明白其意，莞尔一笑，收回左手。其实，他的第一个"好"是对我说的，而后面的"吃得很好"是对其同学我的徒弟说的。可以说这是我出道以来，所遇到的最聪明、最智慧的比试，看似一个礼貌的握手，在有形与无形间彼此便完成了比试，而让在坐的人并不知晓。高，实在是高啊！这一点让我真的很佩服。

二十二、旋风脚

旋风脚这个动作在武术中，无论是内家拳还是外家拳里都有。区别是外家的旋风脚腾空旋转，内家拳的旋风脚是一脚以地面为支撑旋转，劲达脚面。在散打和自由搏击中，把旋风脚的动作用作鞭腿，杀伤力大，经常KO对手。在太极拳中，旋风脚的用法，讲究腿不过腰，往往是旋转中向前踢扫敌腿，同侧手配合着向后将捌敌臂或拍击敌头部，上下相错，使敌倒地。

在太极散手实战中，一般情况下，用十三势中的八法的多，用五步的少。其实，太极拳的腿法应用起来更方便更有威力。我身体单薄，抗击打能力弱，为此，我把腿法设为远距离第一防线，把拳法设为中距离第二道防线，把肘靠摔拿设为近距离第三道防线。实战中，我学习"死神"方便的风格，在游走闪躲中打击敌人，不使自己挨打。说实话，只要练到知拍节的程度，对手是打不着你的，如果你手脚配合，很好地应用左右擦脚，左右蹬一根，旋风脚等腿脚动作，拒敌于第一道防线之外，敌人是不能奈何你的，而且还能很轻松地战胜对手。

俗话说：人怕出名猪怕壮。我所教的徒弟大多是某单位或部门的领导，甚至有七八位是一把手，综合考虑，我在外面只练套路，从来不在外面场地教拳，都是封闭式教拳，难免有人说闲话，其中有一位练站桩的人说："一天神神秘秘的，能练得怎样？"这话被徒弟听到转告到我这里。说来也巧，没过几天，早晨，在外面碰到了此人。他跟我说他的拳"如何硬，容易打死人，可以试试，但伤了人不管"，等等，我笑着说："好吧！我试试，你打坏我，我肯定不用你管。"此人（着浅色衣服）用形意的崩拳，边上步边发拳，我（着深色衣服）使用倒卷肱走化，一，我退步左手化其右手来拳（图2-22-1）；二，我退步右手化其左手来拳（图2-22-2）；三，我左手化其右手来拳（图2-22-3）；四，当其想再一次上步尚未动作时，我起右脚鞭腿踢到了他的胸前（图2-22-4）。此人感觉到吃亏了，又迅速重复以上动作，我依然是重复倒卷肱随之走化，一、二、三、四，我右蹬一根，蹿到了其前腿腹股沟处（图2-22-5）。此人很有意思，瞅瞅被蹿处，用手拍去被蹿的痕迹，又冲了上来，还是重复以上动作，我也还是倒卷肱走化，一、二、三、四，我一个右擦脚前面的动作，截踢在他的前腿膝盖上，可能是三次都没占着便宜的缘故，他停止了比试。此后，再没听他说什么，见到我时，彼此都主动打招呼。

图 2-22-1

图 2-22-2

图 2-22-3

图 2-22-4

图 2-22-5

二十三、披架

披架的"披"字，有披开、分开之意；披架的"架"字有向上架起，上挑，上托之意。是故披架，即下披上架，披开架起。

披架的上肢动作与海底翻花相似，但劲别不同。海底翻花是向左右发劲，将人摔打出去；而披架是上下发劲，上挑下砸。披架的下肢动作与金鸡独立相似，一条腿支撑全身的重量。披架的用法就是左手将敌手的右臂上挑上托，右手将敌手的头部或颈部下按下砸，（图2-23-1）；在左腿支撑的同时，右膝上击敌腹、敌胸、敌脸（图2-23-2、图2-23-3）。

图 2-23-1

图 2-23-2

图 2-23-3

太极拳的"轻重诀"在披架中体现得最为明显，使我不禁想起了游黄鹤楼和都江堰边上茶马古道的情形。当我看到黄鹤楼上的那一幅画卷，一白发银须的老者乘着黄鹤一飞冲天的情景时，禁不住脱口而出："黄鹤楼上鹤飞轻。"在都江堰，江之西岸的茶马古道上，见到印在石板上的依然清晰可见的马蹄印迹时，遥想昔日马队驮着茶、盐艰难前行的情景时，我禁不住张口吟诵出"茶马道古马蹄重"的句子来。黄鹤一飞冲天的"轻"与马蹄印迹的"重"，构成了太极拳的"轻重诀"。那么披架一式这个动作的左手上挑上托和右腿右膝的上顶就是黄鹤一飞冲天的"轻"的感觉；与此同时，其右手的下砸、下抖和左腿的下沉并随身体的旋转，就是马蹄印迹的"重"的感觉。上肢的左轻右重，与下肢的左重右轻，构成了左右平衡，上下平衡，同时也构成了披架一式全身协调一致的总体阴阳平衡。

其实，阴阳平衡是相对的，而不是绝对的，就身体而言，绝对的平衡是不存在的，就好像指北针一样，总存在着磁偏。我们大多数人劳动时用右手，右手比左手有劲，右手比左手灵活；而一少部分人，劳动时用左手，左手则比右手劲大，左手比右手灵活。以右手为例，由于右手比左手劲大、灵活，那么我们在练拳时，就要经常重点练练左手，以弥补或缩短左右手之间的失衡。

实话实说，任何拳种都有缺陷或不足，太极拳也一样。从前的老拳师们称太极拳是半架拳，就是说在创拳时，创拳之人是右手劳动，右手劲大、灵活，所以，金刚捣碓震脚砸拳用的是右脚右拳，掩手肱拳用的是右手等，而不像形意拳、八卦掌左右对称互练，阴阳平衡性比较好。我个人认为如果有时间和经历可将拳反着来，对称着练，这样，身体自然就能达到阴阳平衡。

二十四、小擒打

小擒打的用法是连擒带打。可先擒后打，先打后擒，擒中打，打中擒，边擒边打，边打边擒，擒打结合。

在实战中，小擒打的主要用法是右手搭在敌右手腕关节处，左手搭住敌肘部（图 2-24-1）；然后擎引松放，即左手外旋，手心外翻，打在敌肘下肋胁处，与此同时，右手也随左手同时发劲，打击敌胸、肋部位（图 2-24-2、图 2-24-3）。

图 2-24-1

图 2-24-2

图 2-24-3

小擒打的变招很多。当右手抓住敌右手，左手抓住敌右肘时（图 2-24-4），可以变三换掌，右手将其前臂折回，左手上托其肘，对其擒拿（图 2-24-5）；如果敌方不给劲，与我劲相顶，我可顺势下采，将敌采翻（图 2-24-6）；如果敌方顺应我劲化解，我可顺着敌劲，右手握敌右手，

107

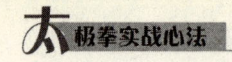

左手向前发劲，击打敌肋部（图2-24-7）；也可腰向左转，右手向上向左与左手合劲，拿住敌方右臂，使其受制不能动（图2-24-8）；还可继续转腰拿翻敌人（图2-24-9）；我还可重心后移，下按使敌跪下（图2-24-10）；也可右臂向前打肘，击其胸部（图2-24-11）；也可用右手抓其右手，左手搭其肘时，将其臂向下拉直（图2-24-12），旋转将敌摔倒（图2-24-13）；也可将其身体前引（图2-24-14），然后向下划圆，让其大头朝下翻跌（图2-24-15）；还可左手捋肘，右手乘势松开打披身捶将敌打倒（图2-24-16）；如果敌手下按，我左手换劲打青龙出水，击敌肋部、腹部、裆部（图2-24-17）；如果敌手臂上掤，我顺势换劲转身将其臂放在我左肩上，将敌摔出或擒住（图2-24-18）；也可变白鹅亮翅将敌人摔倒（参见图2-24-15）；也可变背折靠将敌拿倒（参见图2-10-8）；也可变前招将敌摔出（图2-24-19）；也可用迎门靠，靠其肘使敌重创（图2-24-20）；也可变野马分鬃和形意的蛇形将其打出和靠出（图2-24-21）；也可变肘底捶和斩手，拿其肘部（图2-24-22、图2-24-22附图）；也可蹬一根将其蹬出（参见图2-14-13）；也可用金刚捣碓的勾挂脚，勾挂其右腿，蹬其左腿将敌蹬倒（参见图2-2-10、图2-2-11）；也可用摆莲脚之回劲击其腹部（图2-24-23、图2-24-24）。以上所有招式、劲法都可左右手脚互用，不拘一格。

图 2-24-4

图 2-24-5

直指太极拳——拆拳、讲劲、用招、实战

图 2-24-6

图 2-24-7

图 2-24-8

图 2-24-9

图 2-24-10

图 2-24-11

图 2-24-12 　　　　　　　　　图 2-24-13

图 2-24-14 　　　　　　　　　图 2-24-15

图 2-24-16 　　　　　　　　　图 2-24-17

直指太极拳——拆拳、讲劲、用招、实战

图 2-24-18

图 2-24-19

图 2-24-20

图 2-24-21

图 2-24-22

图 2-24-22 附图

111

图 2-24-23　　　　　　　　　　图 2-24-24

二十五、抱头推山

象形取意，抱头推山一式的意思是双手抱头，从颈部两侧随腰旋转将双手如推山一般向前推出。

抱头推山的用法与六封四闭、双推手、形意的虎扑和双撞掌等有相似之处，此不赘述。

太极拳的"吞吐诀"在抱头推山中体验得很明显，使我不禁联想到三峡大坝修成前后的对比，反差巨大。原来是两岸的山峰，壁立万仞，直入云端，神女如同天降，自古三峡一条路，确有蜀道之难难于上青天一般。而如今随着经济的发展，科技的进步，生产力的提升，国家修建了高铁，三峡大坝让天堑变通途，高峡出平湖，神女如同踏着凌波微步款款而来。三峡大坝建成后，海拔提升，库容的吞吐量增大，游三峡时，出现了大三峡、巫峡里面又出现了小三峡，小三峡里又出现了小小三峡。看到了三峡里面生出来的小三峡、小小三峡时，让我惊叹于太极拳诀中"吞"字的能量；当我们走下"黄金五号"游轮，正赶上上游雨大，大坝开闸放水。呈现在我眼前的是三峡大坝闸口如巨龙一样，吐出一道道水注，在阳光的照耀下，宛若彩虹，蔚为奇观，让我不禁感叹于太极拳诀中"吐"字的神奇。这一吞一吐，道出了太极拳"吞吐诀"的真谛。

用抱头推山一式应对敌人的正蹬腿效果非常好。可分为两种情况。

第一种情况是，当敌人一脚正常速度蹬出时，可以向后移重心，转腰身，顺手牵羊，将敌摔出（图 2-25-1）。这是太极拳的"吞"字诀，敌劲越大，摔得越重。也可视当时情况折身回打（图 2-25-2）。

图 2-25-1

图 2-25-2

第二种情况是，当敌人力大劲猛速度快时，只能抓住其脚（图 2-25-3）；但来不及转身或勉强转身，敌人又顺势出拳打击的危急时刻，只有"吞"字诀是不够的，就要用到"吐"字诀，这时，两手抱敌腿向后移重心，捋化其脚蹬劲，腹部用"吞"字诀向里含，好似将敌脚吞入腹中一样；当敌人出拳打来时，迅速变"吐"字诀，用丹田劲反弹其脚，将敌人发放出去（图 2-25-4）。为防止敌腿弯曲卸力，可一手在上按其膝部，一手在下托其脚踝，将其腿拉直。这一用法，需要反复练习才能有效。

图 2-25-3

图 2-25-4

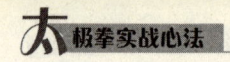

2010年秋冬时节，八卦掌老张带徒弟小周来我馆里玩，谈到正踢腿时，我说用抱头推山式奏效，其徒弟认为不可能，意见相左，愿意一试。只见其徒上手一晃，下面腿即便蹬出，我双手接抱，向后移重心，捋化来力，然后用丹田迅速发劲，将其徒腾空弹出一丈开外。其徒站起来后，倍感惊诧，点头称是，非常认可，并说：看你很随意，没用劲，就弹出一丈远，如果使劲是否更远些。答曰：理应如是。其徒要求再试，我说可以，只是要注意安全，保护好自己。第二次，用了八成劲，仍不是全力，其徒被腾空弹出四五米开外。三四年过去，小周用微信与我交流时仍记忆犹新。说："还记得你用丹田气把我发出一丈多远，当时我就觉得两耳生风飞出去了。"

二十六、前招后招

前招后招的用法很多，前后左右都能用到。

从正面用：如敌踏左步出右拳时，我则出右腿管住敌左腿，右手接其来拳向右捋化，同时，左脚跟步，左手击打敌右侧肋部（图2-26-1）。如敌迈右步出左拳时，我则出左腿，管住敌之右腿，左手接其来拳向左捋化，同时，右脚跟步，右手击打敌左肋部（图2-26-2、图2-26-2附图）。

图 2-26-1   图 2-26-2

图 2-26-2 附图

从左侧用：如敌出右拳打来，我则出右手接其来拳，同时，上左步，左手臂从下缠其右臂肘弯处（图2-26-3），向右发劲将其摔出（图2-26-4）；也可上左步后（图2-26-5），迅速向右转身发劲，左掌打击其后腰眼（图2-26-6）。

图 2-26-3    图 2-26-4

图 2-26-5    图 2-26-6

从右侧用：如敌出左拳打来，我则出左手接其来拳，同时，上右步，右臂从下缠其左臂肘弯处（图 2-26-7），向左发劲将敌摔出（图 2-26-8）；也可上右步后（图 2-26-9），迅速向左转身发劲，右掌打击其后腰眼处（图 2-26-10）。

图 2-26-7

图 2-26-8

图 2-26-9

图 2-26-10

从右后侧用：如敌从我右侧或右后侧来抓我肩臂时（图 2-26-11），我则右手从敌手臂内下侧绕过，搭其腋下后腰或肩胛骨处，左拳抓其右手或右臂或其头颈部，腰向左转发劲，同时右脚击打敌左腿内侧，上下互错，使敌倒地（图 2-26-12）。

图 2-26-11 　　　　　　　　　　　图 2-26-12

从左后侧用：如敌从我左侧或左后侧来抓我肩臂时（图 2-26-13），我则左手从敌手臂内下侧绕过，搭其腋下后腰或肩胛骨处，右拳抓其左手或左臂或头颈部，腰向右转发劲，同时左脚击打敌右腿内侧，上下互错，使敌倒地（图 2-26-14）。

图 2-26-13 　　　　　　　　　　　图 2-26-14

二十七、野马分鬃

野马分鬃是散手实战中经常使用的招式。无论从正面进攻还是侧面攻入都能用。既可打又可摔，使用起来方便、快捷。就野马分鬃招式而言，不管左右，前手臂都是先上钻上挑（图 2-27-1），同时前腿配合，然后向外翻转发劲，将敌摔倒（图2-27-2）。

图2-27-1 　　　　　　　　　　　　图2-27-2

野马分鬃的变招：如果手臂逆缠从下面向前打，就是青龙出水，打敌裆、腹部（参见图2-10-15）；如果手臂顺缠外翻从下面向前打就是形意的蛇形（参见图2-3-12）。这两式都是一招制敌的手法。

野马分鬃可以和下步跨虎结合起来使用。以右侧为例，如果敌人个头高，右手上挑外翻用不上时，则右手向下逆缠与右腿相合，发劲击敌胯根，将敌打倒（图2-27-3、图2-27-4）。还可以用右斜行单鞭，左手配合，搬抱敌小腿踝关节，右手下按敌胯根将敌摔倒（图2-27-5）。也可右手向下向外顺缠，从敌左腿前面绕过，扣抱敌右腿膝弯处，用单手别子，把敌人摔倒（图2-27-6、图2-27-7）。大凡一招制敌的招式，都是直接、便捷出手就是，不需变招，如五大捶等。

图2-27-3 　　　　　　　　　　　　图2-27-4

图 2-27-5　　　　　　　　　　　　　图 2-27-6

图 2-27-7

二十八、玉女穿梭

　　玉女穿梭的用法主要是以一敌众，即在敌众我寡的情况下，冲出重围，应对敌众的打法和战术。假设敌人将我团团围在当中，我则向其薄弱环节或有路可走之处，蹬出一脚。这一脚一定是虚虚实实，然后，乘敌躲闪之际，向右转身迈出左脚，打出左掌，同时，右腿偷步向前，再拧身一转打出一肘，整个动作需一气呵成。正常情况下，右腿向前蹐出一步有一米半左右，左腿腾空一跃有两米左右，然后是右腿的偷上步有一米半左右。当三步跨出时，足有五米开外，早已冲出重围了。

　　玉女穿梭也有一人敌的短身近战用法。假设敌人右拳打来，我则左脚上步，右手接其来拳（图 2-28-1）；然后，腰向右转，右腿偷步向前，左掌内旋，掌心向外，掌指向下，掌跟在上，顺着敌人右拳内侧切入，击打在敌人的右肋部位（图 2-28-2、图 2-28-2 附图）；然后，左臂管住敌肘弯处，向

119

右继续拧腰,右手松开向后打肘,击打在敌人的后腰眼处(图 2-28-3)。

图 2-28-1

图 2-28-2

图 2-28-2 附图

图 2-28-3

在玉女穿梭之前有个双震脚招式,这一动作的用法是:假如敌人左手向我打来,我右手在前、在上,左手在后、在下,向上挑起敌人来掌(图2-28-4);右腿弹起后迅速蹬向敌裆部、腹部(图 2-28-5、图 2-28-6),并利用身体向下回落的惯性,双手迅速砸向敌人头部、脸部、胸部,向下回落的脚,也可踩踏敌脚面或蹬踹敌膝部(图 2-28-7、图 2-28-8)。

图 2-28-4

图 2-28-5 　　　　　　　　　　　　　图 2-28-6

图 2-28-7 　　　　　　　　　　　　　图 2-28-8

  在双震脚后面还有右手向前打出的一掌，这一掌是为下面的右蹬脚做掩护的，可虚实互换。如果掌是虚的，那么脚可以是实的；如果掌是实的，那么脚可以是虚的；虚虚实实，真真假假，兵不厌诈，真假虚实即为太极。

  我的师兄老田，有用过一次玉女穿梭的战例。他是技工学校的保卫科长，而技工学校与一个村子为邻，每次出入必经过村子。村里的小青年经常与技工学校学生发生口角，甚至肢体冲突，自然要老田出面解决，因此结仇。深秋的一天下班，天色已黑，正当老田走出村子时，突然围上一群人来，老田一看不好，一个玉女穿梭，冲出重围，掉头就跑，这群人哪肯放过，迅速追上。老田回身一拳将跑在最前面的青年打到，掉头再跑，如此三次打倒三个，这群人才肯作罢。第二天，上班时，老田从村子走过，看见几个小青年指指点点，在那议论，估计是昨晚一伙，尝到苦头，此后再无人敢惹。

二十九、摆脚跌叉

谈到摆脚跌叉，我曾多次做这样一个梦。梦境中说：摆脚跌叉是从枪法中演变而来，最初的动作是武者骑着马，握着枪，左腿从马鞍前上方平行摆转至马的右侧，右脚离蹬，整个身体脱鞍跃下扑向地面，再右脚蹬起，迅速起身成弓蹬步，双手握枪左手在前右手在后，向前刺出，然后，左手松开，右手单把握枪一抖前扎，身体腰马合一前挺，力至枪尖。虽是做梦，但合情合理合逻辑。

摆脚跌叉一式动作特殊，为太极拳套路中所独有。摆脚的用法同十字摆莲脚、转身摆莲脚使用方法一样；跌叉的用法，陈鑫在《太极拳图说》中介绍，左脚蹬敌前腿迎面骨。而我的用法是：左脚上步前趟，从敌右侧跨过敌身后侧，右臂横向张开，搂在敌人咽喉处，将敌人趟倒（图 2-29-1）；或者右臂横开搂在敌人的胸腰处，将敌带倒（图 2-29-2）；或者干脆右臂横摆，将敌打倒（图 2-29-3）。

图 2-29-1   图 2-29-2

图 2-29-3

在摆脚后跌叉前，右臂有个向上屈肘向内旋转的动作，是擒拿敌人手腕部的。假设敌左手抓住我右臂肘弯内侧时，我则可上左手轻轻按在敌手上（图 2-29-4），然后，右臂向内旋转，顺缠发劲，可将敌手腕折断（图 2-29-5）。

图 2-29-4    图 2-29-5

三十、金鸡独立

金鸡独立的用法是手向上发劲击打敌下颌，膝顶裆部、腹部（图 2-30-1），然后震脚下采（图 2-30-2）。下采时，忌肘部弯曲。具体动作是以腰脐为界，脐以上部分上行，脐以下部分下沉，支撑腿微弯曲，以便发劲和腰部旋转。变招是手可以向前击胸（图2-30-3），膝向前顶腹部（图2-30-4）。

图 2-30-1

图 2-30-2

图 2-30-3

图 2-30-4

其实向上、向下、向后击打的动作和用法很多。人们往往只注意向前和向左右两侧的击打动作和方法，并不多想向上向下、向后的用法和动作。实战中，向上、向下、向后的用法比向左中右方面的动作要少，但不能不用、不会用，否则，在实战中就会因掌握技术不全面而吃亏、败北。为做到有备无患，必须在这方面多下功夫才行。金刚捣碓中震脚砸拳前的动作，手和脚就是同时向上、向下的用法；猿猴献果的动作也是向上、向下的用法；摆脚跌叉之后的动作也是向上、向下的用法；雀地龙过渡到上步七星的动作也是向上、向下的用法；形意的钻拳是向上的打法；劈拳是下劈的用法等。向后的动作也很多。闪通背是向后的用法；蹬一根前部分动作是向后的用法；金刚捣碓里也有前后互换的打法；三换掌和掩手捶、指裆捶的打肘都是向后的用法；海底翻花前的打肘也是向后的打法；抱头推山也可用作转身向后的打法；玉女穿梭也可以用作向后的打法等。实战中，可根据需要灵活运用。

三十一、十字脚

十字脚是十字摆莲脚的变招。此式是双手被困，到了山穷水尽时的解脱办法，是以退为进、败中求胜的招式。当双手被捆绑住时（图2-31-1），可重心前移或上右步同时腰向左转，用肩去靠击敌臂脱困（图2-31-2）。也可用重心后移或撤后步的办法，先化解后再前移重心，起脚外摆击敌胯部、腰部（图2-31-3），以求解脱或将敌摔倒。十字脚一式虽不常用，但一定要搞清楚、弄明白、掌握好，否则，学到用时方恨少，不值得。

图 2-31-1

图 2-31-2

图 2-31-3

太极拳实战心法

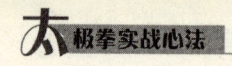

　　我用十字脚时，经常结合披架的招式一起使用。即左手抓住敌右臂上托上擎，右手下压敌右肩或头部，左脚上步时往里抢，跨到敌右脚外侧（图 2-31-4）；同时向右转身，抬右膝上顶敌腹部、胸部和脸部。左手抓住敌右臂的上托、上擎与右手下压敌右肩或头部，再加上身体的右旋，势必造成敌头部的下低和弯腰，也势必促使右膝的加速上顶（图 2-31-5），往往使敌遭受重创。如果敌人听劲好，向上挺身，我则右肘向下击敌胸，也可将肘横起击敌喉部、脸部（图 2-31-6），然后再起腿顶膝（参见图 2-31-5）。

图 2-31-4 　　　　　　　　　　图 2-31-5

图 2-31-6

三十二、猿猴献果

猿猴献果是向身体侧面出拳出腿顶膝的招式。手脚上下同时出击，使敌人顾上顾不了下，难于防范，上面可击脸穿喉，下面可击裆顶腹。

猿猴献果的变招很多。云手后接高探马的过渡动作可变化出猿猴献果；摆脚跌叉起来后接金鸡独立的衔接动作也可以变化出猿猴献果；雀地龙起来后接上步七星的连接动作也可变化出猿猴献果；同时也可以变化出金刚捣碓一式，震脚砸拳之前的动作来，只是招式相似而劲别不一样。金刚捣碓是正面出拳顶膝，而猿猴献果是侧面出拳、顶膝、出腿而已。正面、侧面，可根据实战时的角度定夺。

猿猴献果与形意拳中的猴蹲身、猴挂印、猴摘桃有相通之处，可以相互转换而有妙用。李仲轩（《逝去的武林》一书主人公）讲解得清楚[①]：猴蹲身是为了猴挂印，在猴蹲身的同时也练了膝盖。猴挂印是指膝盖像一枚大印一样，从下向上顶到敌人的胸腹上。内家拳有"出腿半边空"的说法。立身中正，两腿着地，是保持不败之地；抬起腿就是兵行险地，得有收场、后撤的伎俩。那么就需要下一招猴摘桃为膝击作掩护。猴摘桃，就是抓敌脸或击打敌脸部。其实也可以先摘桃后挂印，如果敌人后闪，则可变化出猴蹬腿来，放长击远。此招虽险，由于先有了摘桃挂印，敌必忙于应付，险中求胜也不失一策。但为安全起见，还是少用。假如能够及时上一步，那么用上步七星的动作就足够了，省得顶膝、蹬腿，双脚着地，中正安稳，就能将敌打出去，岂不更好。

猿猴献果除了上下同时出击外，也可同猴摘桃、猴挂印一样分开用。可以先献果后顶膝出腿，也可先顶膝出腿后献果。当敌人处于慌乱之中或败相已出时，猿猴献果还可以跳起来腾空而上迅速击出，然后迅速下落，在下落时可以用拳用肘下砸敌头部、脸部、胸部，脚也可蹦敌脚面。小架的金刚捣碓一式，在盘架时就是双脚离地，然后震脚砸拳，一气呵成的。

[①]《逝去的武林》之《薛门忆旧》第八篇"一生傲岸苦不谐"。

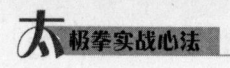

三十三、雀地龙

雀地龙的用法是走下势，抱住敌人的大腿部或裆部，将敌人掀起（图2-33-1、图2-33-2）；从前面摔向身后面，或是抱住敌人大腿或裆部用肩部将敌靠出去（图2-33-3）。属下三路的用法，适合身材短小者。

图 2-33-1　　　　　　　　　　　图 2-33-2

图 2-33-3

从整体而论，太极拳的十三势和所有招式动作，适合所有人使用。不论高矮胖瘦都能从中找到适合自己的招式，但平心而论，作为个体，太极拳的所有招式动作，又不能都适合我们每一个人。例如：个矮者对付个高者就不适合用肘底捶、斩手、野马分鬃和劈拳的下砸下劈。因为用肘底捶斩手时，需要抬起肘部向下压、砸敌人的肘部，如果敌人个头高，即使抬起肘来也够不到。用野马分鬃时，需要先上挑敌人腋下，敌人个头高，即使抬起肘来也够不到。劈拳也是一样，下劈时劈不到敌人的头部，只能劈到胸部腹部。然而，招式是为人服务的，必须得适合每个人的个体需要，所以，我们每个人必须清楚和掌握适合自己的式、势和动作。

个高者，腿长臂长，就适合踢腿、左右擦脚、左右蹬一根、旋风脚、摆莲脚、二起脚等；手的动作就适合从上向下砸劈拳，用劈拳下劈敌头部，用钻拳、勾拳打击敌腹部、胸部等，属上三路的招式和动作。

个矮者，腿短臂短，就适合攻打下三路的招式动作，如：从下向上挑、勾、钻和向下采的动作。武禹襄、李亦畬、陈鑫、陈兆奎都是一米五至一米六的身材，却个个功夫了得，主要就是运用下三路的动作。

身体肥胖者，动作慢，缺乏敏感，但力大劲整，则适合发放、摔拿、引"尽"落空，如杨澄甫等。

身材瘦弱者，则不适合发劲和摔法，而适合化打结合，半引半化，引进无全空等灵活多变的手法和技巧，如杨少侯等。

杨少侯与杨澄甫是亲兄弟，都是太极名家。少侯身体清癯适中，澄甫个高魁伟，两个出自一家，却拳路、风格迥异。有名家评价：澄甫推手多是正手长劲发放，大捋、肩背靠人劲道雄浑，腰腿部尤见功力；而少侯则步伐快捷紧凑，手法轻灵奇巧，发劲灵活多刚脆，常掤捋采挒混用，跌打摔拿并施，不拘常规。究其原因，是身材造就了自己的风格。

中等身材者，身体协调性好，往往手脚配合，上下互用，适合用攻打中三路的招式动作。孙禄堂、李小龙、王芗斋、大山倍达都是中等身材，名高一时。

按照这样的思路分析下去，可分出更多的类型。个高体胖者，个高体瘦者，个矮体胖者，个矮体瘦者和中等身材有胖有瘦者等，分别也有适合他们的招式动作。所谓："高不经冲，低不经按，长不经擒，短不经摔。"可结合实际情况，一一应对。希望大家根据自己的情况去考量，找到适合自己的招式动作。方法对路，少走弯路。

然而，事情不能一概而论，有很多人根据自己的天分和悟性，研究和变化出了适合自己的招式动作。"方法与拳结合，形成拳术，拳在功，术在心，心有方法，身随方法，方法多则灵活。"尚云祥[①]就是其中的一个。他的钻拳向上打，劈拳也向上打，崩拳也是斜向上崩出的。

太极拳的招式也一样可以变化创新、翻新。比如：金刚捣碓中震脚砸拳之前的动作和猿猴献果动作，个头高者可击打敌人脸部、下颌；个矮者则可击打敌人裆部、腹部。左右蹬一根动作，个头高者可蹬敌人腹部，踢裆部；个矮者则可蹬敌膝部，截击小腿迎面骨。劈拳和钻拳也同样，个头高者下劈敌头部、上钻敌腹部、下颌部位；个头矮者可下劈敌胸部、腹部、上钻敌裆部。个高者，指裆捶可用于击打敌脸部；个矮者指裆捶前面的云抹动作则用于抱摔敌之小腿部，使敌摔倒。雀地龙看上去本是个矮者的专利，但个高者也可使用，抱腿不方便，就变化为抱腰、抱腋下、抱脖子，上擎不着裆部可以上挑敌腋下，把敌人掀不到身后去，则可以将敌人撞个人仰马翻。我们不妨按照这个思路去钻研。

三十四、双摆莲

双摆莲也叫转身双摆莲。转身后，前脚变后脚，后脚变前脚。这时，左脚在后由左向右，由后向前踢出，高与肩齐，然后向里收回再向左前方迈出，整个过程含住劲一气呵成，不可断劲，否则，不灵动，实战运用时，不便捷。踢出时，用腰胯的旋转力带动腿脚，劲大力猛。这一脚，在散打中，叫鞭腿，经常使用。可左右皆用，往往用来KO敌手。使用起来简便、快捷。这是第一摆莲脚。第一脚踢完迈出后，重心移至左腿，右脚从后向前、从左向右摆出，走横劲，同时，用腰胯带动，效果好。两手从右向左先后拍击脚面两响。右脚由左向右，横摆出后，再回弹，即含住劲再由右向左回摆，同时，两手从左向右折回与脚的方向相反。回到右脚摆出前的动作。第二个摆莲脚在起脚前有个向前去的动作，为了配合平衡，当脚前去时，双手正好向后捋带，这个动作很重要，要练出来，在单推手

[①]尚云祥（1864—1937年），字霁亭，山东乐陵尚家村人，江湖人称铁脚佛，尚式形意拳创始人。

中经常用到。第一个摆莲脚的具体用法是：两人出右势单推手时，如果敌手用劲前推，我则右手后捋，同时，出右脚单踢其前脚，手脚并用，上下互错，敌手立仆（图2-34-1、图2-34-2）。

图 2-34-1

图 2-34-2

第二个摆莲脚的具体用法是：我双手抓住敌手左臂，根据当时的情况，可以向左捋带，也可向右捋带，同时出右腿击其左脚或小腿，使其前跌或后跌（图2-34-3）。如果敌手听劲敏感，抬前腿躲闪，我右脚落空（图2-34-4），则可在敌手前脚落地时，迅速回摆，打在敌手的胸腹上（图2-34-5）。这就是右脚摆出后，有个回弹带来的妙处所在。还可以钩挂后腿，然后踹前腿，使敌倒地。这一用法也可用在左腿左脚上，动作对称，方向相反。

图 2-34-3

图 2-34-4

图 2-34-5

　　在与人推手中，我经常使用转身后的右摆莲脚。2011年春季的一天早晨，我带领大家练完太极拳套路，准备回家。这时，在一旁观看我们练套路多时的一个外地人，上来与我聊太极。同是太极拳爱好者，我很礼貌地与之闲聊几句。闲聊中得知此人是浙江人，来我地收购皮货（牛羊皮）的。南方人就是精明，他先说：他的太极拳师父如何如何好，水平如何如何高，我当时并没有多想，而是应酬几句，因为八点整必须上班，得回家吃饭，晚了怕影响工作。看我要走，他便伸出手来，要与我推手，直到这时，我才反应过来，知道他的真正意图，于是，我伸出右手，与他单推手，三圈过后，他向前推来，我用右手捋带，出右脚踢弹，一个外摆莲，将其打倒在我的右后方（参见图2-34-1、图2-34-2）。后来听我的徒弟说，他本想在我面前显示一下他的功夫，但没想到太极拳在东北也发展得这么好。

　　新加坡可谓是人间天堂，除热带雨林气候外，是人类理想的居住地。在这里，黄、白、黑、棕四种不同的人们能够和谐相处，并且自觉、严格地遵守和执行国家规定的各项规章制度，居住在这里的人们，路不拾遗，夜不闭户，生活富裕，幸福快乐。2013年11月，我与世界华人投资协会主席黄春晓去新加坡武术龙狮总会找孙壮嘉总裁办完事，打出租车回濠景大酒店。出租车司机祖籍广东潮州，已在新加坡居住四代，听到我们说话知道是中国人，他就说中国人的坏话。对于忘了自己祖宗的人，我和黄总都很生气，后来听到我们是练太极拳和散打的，到了濠景大酒店后，司机非要与我推推手，我正气不打一处来，正好教训他一下。我伸出右手与他单推手，三圈过后，我也是用了一个外摆莲，右手捋带，同时右脚弹踢其前脚，可这人听劲很好，身体后挺，没能捋动（图2-34-6），我迅速变招，在前脚落地的瞬间，右手反抽（图2-34-7），一个大嘴巴打在他的脸上，声音很响，这司机也没想到我会来这么一手，先是一惊，然后苦笑着说：领教，领教。

图 2-34-6 　　　　　　　　　　图 2-34-7

人们经常说："盘架子是知己的功夫，推手是知人的功夫。"其实这话对，但不完全对。我认为推手只能感知对方内劲、听劲的好坏，尚不能知道对方的整体功夫情况如何？如：手眼身法步的功夫情况；而盘架子在懂劲前也不能完全感知自己的功夫究竟是怎样的。故，才有了"每见数年纯功而不能运化者，率皆自为人制"之句。这或许是推手和盘架子的不足吧。呵呵，纯属一己之见。

三十五、五大捶

五大捶：即掩手肱捶、披身捶、肘底看捶、击地捶、指裆捶。除此之外，还有全砲捶、护心拳、当头砲等。这些捶在太极拳里非常重要。这些捶练得好坏，关乎功力的大小，打击的力度和质量。

掩手肱捶，是向正前方水平方向打击的，左手在上做掩护，右手暗藏，故曰掩手。在发捶时左肘向后打肘，同时右手向前发力，向前的力和向后的力要大小相等，方向相反，故有"后肘发力，前手打人"之说。掩手肱捶的变招，则不一定向正前方水平方向发劲，可根据实际情况，上下左右有所变动，才能更好更准确地击打敌人。

　　披身捶的"披"，有庇护之意，是对己；也有披开、分开之意，是对敌。此动作是从右下方向正前上方，弧线击出的摆拳，力点在拳头上，也可在手腕内侧。变招也可向左前方打出。前面单式讲过，此不赘述。

　　肘底捶，因右拳藏在左肘底下之故，故曰肘底捶。肘底捶的一个标志性用法，即，我右手抓敌右手后，外翻里缠，同时上左步，腰右转，左肘对准敌肘底上翻处，下砸或向下合劲，左肘与右手合住劲（图2-35-1、图2-35-1附图）。其他用法，前面单式已讲过此不赘述。

图 2-35-1 　　　　　　　　　　图 2-35-1 附图

　　击地捶，是向下垂直打击之意。其实击地捶是身体立身中正向下击出的，但很多人练时是弯腰下击的。如果是弯腰下击，劲别与掩手捶一般无二，如果立身中正下击，劲法有所区别，内劲方向不一样。使用击地捶时，步法是关键，可定步击打，可活步击打，也可跨步、跃步击打，实战时，可根据远近程度灵活运用。击地捶向前水平击打就是掩手捶；向斜前下方击打就是指裆捶；向侧前方内翻逆缠用拳轮击打就是青龙出水；外翻顺缠用拳眼击打就是形意的蛇形；拳眼向上立拳水平方向向前击打就是形

意的崩拳；拳心向里由下向上击打，同时上步，就是形意的钻拳或拳击里面的勾拳；出立拳用拳轮从上向下击打就是形意的劈拳。俗话说：八卦的步，太极的腰，形意的拳。我们在使用时，可以借鉴形意拳、八卦掌的特长、特点，把八卦掌的步法，形意拳的拳型，融入太极拳之中，为我所用，如虎添翼。

指裆捶，是指击打敌裆部的意思。指裆捶的外部招式动作与击地捶、掩手捶一样，只是方向、角度不同，而产生和打出的内劲稍有区别，所走经络、经筋不同，习练时需注意体会。

全炮捶，是双捶向左右两侧猛轮的打法。可向两侧斜上方轮出，也可向左右两侧水平方向甩出，可击打敌两侧头部或胸腹部和后背、腰部。如果用单手击敌，可变化成形意的横拳，如果往前打出也可变化成护心拳。单手的全炮捶就是披身捶，而另外一手的全炮捶与披身捶，动作对称，方向相反。披身捶是由外向里合；另外一手的全炮捶是由内向外开。

护心拳，向上翻出就是形意的钻拳或抱头推山后甩出的一拳，向下甩出就是青龙出水，稍一变化就是指裆捶或形意的蛇形。

当头砲，打敌头部之意。既可重心后移，裆走下弧线，然后上翻打出，即腰走前后上下立圆，将双手打出，又可腰走左右平圆，将双手向前打出，或转身向后打出。也就是说可重心在前腿双手打出，也可重心在后腿双手打出。当头砲可打敌头部、胸部、肋部，可打敌后脑和脑侧。当头砲的变招可变成形意的马形，即双马砲，也可变双撞掌、双推手、虎扑等招式。

三十六、太极拳招势动作知多少

我练的陈式太极拳大架一路套路共有 76 个式子。在 76 个式子中六封四闭和单鞭重复出现 7 次，金刚捣碓、斜行单鞭、掩手肱捶重复出现 4 次，白鹅亮翅、云手重复出现了 3 次，懒扎衣、搂膝、上三步、倒卷肱、闪通背、高探马重复出现了 2 次，以上合计 44 个式子。再去掉太极起势和太极还原 2 个式子，剩下 30 个式子，加上 44 个式子中的 13 个式子，就是 43 个式子。也就是说在大架一路 76 个式子中掐头去尾，去掉重复的就剩 43 个式子了。在 43 个式子中，我们把外形动作相同相似的归纳化简如下：六封四闭、双推手、抱头推山可归为一类；金刚捣碓、上步七星、金鸡独立、高探马可归为一类；金刚捣碓、跌叉、雀地龙、白猿献果可归为一类；左右擦脚、海底翻花、披架、单鞭、白鹅亮翅可归为一类；掩手捶、指裆捶、击地捶、肘底捶可归为一类；上三步、前堂拗步可归为一类；十字脚、小擒打可归为一类；蹬一根、玉女穿梭可归为一类；太极起势、前招后招可归为一类；懒扎衣、高探马可归为一类；野马分鬃和全砲捶可归为一类；再去掉旋风脚、踢二起、摆莲脚等基本动作，归纳简化后，就只有 20 多个式子了，这样我们学起来就容易多了。

招是固定的、有形的，劲是灵活的、无形的。我们学的时候记得牢固、准确，实践的时候要用得活。练到招熟阶段，一招变十招，十招变百招。名家陈正雷讲金刚捣碓一式就能变化出二十多招；洪钧生弟子讲洪钧生一辈子一个金刚捣碓没用完；老范在演练玉女穿梭时只一个式子就能化出十多个招来。我们试想 0123456789，十个阿拉伯数字通过排列与组合，可以使全世界每个人的身份证和电话号码不重复，那么在太极拳套路中去掉重复的式子，有 43 个。删繁就简，归纳合并同类项后的式子，还有二十多个。这二十多个式子的排列与组合能产生出千变万化的招式来。可谓招式多多，我们是用不完的。其实，到懂劲后就不求其招，而找其劲了。找到了劲，百招千招归为一劲，而一劲又可化出百招千招来。到了这时，招数就无所谓招数了。出手即招，挨着何处何处击。

只要我们坚持学练时化繁为简，运用时由简入繁，灵活运用，不管谁学太极拳进步一定快，这是在实践中总结出来的比较科学的一种方法。

小　结

所谓拆拳，就是把拳架套路拆开来，揉碎了，消化掉。具体说就是把每一式之中包括式与式之间相连接的过渡动作，全部拆开、细化、逐一分解开。就如同拆卸汽车或枪械的零部件一样，清楚掌握每一个部件的性能和用途。

所谓讲劲，就是讲解内劲。通过盘拳走架练套路，久而久之，感觉到身体内部产生了一股一以贯之而从不间断的能量，即内劲。这股能量特别敏感、灵动，伴随招势、动作表现出来，而且是在身体、肢体动作高度协调后才会出现。内劲的产生过程是招式动作通过身体四肢的划圆转换与腰部丹田的旋转连动而产生的，如同钟表的发条上了弦一般。所谓劲别：指内劲的不同走向。即通过经络、经筋向血脉、肌肉、骨骼、皮肤、腠理之间运行的轨迹，或者说是内劲在体内向前后左右上下内外的扩展、扩张、辐射和脉冲。这内劲因招式动作不同而感觉上有所区别，故曰劲别。太极拳练久了，能够感知到、体会到。所谓劲法，就是将内劲通过不同的招式体现出来并且运用招势和劲别打击敌人的办法、方法。

所谓用招，即指拳架套路中的各个招势、招式、动作的具体用法。如同汽车或枪械的各个部件都有用途。招式、动作是基本的、具体的、固定的、不变的。是外部现象、表现形式；招势是灵活的、变化的，是建立在招式、动作基础上的，可以在招式之间、动作之间、招式与动作之间灵活组合变化。我们从古拳论"八法五步构成十三势"分析，招势里含招式、动作。我们从陈鑫《太极拳图说》"十三势分解"分析，招势大于招式，大于动作。我们从《曹刿论战》"一鼓作气，再而衰，三而竭"句子中分析，"势"也一定大于"式"。由此推出，势是指大势、趋势、势头、势能。如同汽车的加速度一样。在太极拳里指手眼身步中，尤其是身形、步法之中蕴含蕴藏的势能。举例说明，我打算用膝击敌头部或腹部，那么我首先要蹲下身子储存一个势能，然后才能向上窜起顶膝击出，如果敌人抱膝，我则迅速出手击敌眼，立马撤出。三个招式（动作）一气呵成，构成一势。在太极拳动作中就是由下势和猿猴献果构成的。

所谓实战，就是与敌作战。指通过招势、招式和动作将体内产生的内劲、劲别释放、发放出来，用于打击敌人。

招势、招式、动作与内劲、劲别、劲法的关系：招势包含势、式和动作，招势是基础，先有招势后有内劲，而劲又是招势的发展和提炼。没有势、式、动作，就产生不了与之相应的内劲、劲别、劲法。有什么样的势、式和动作，就产生什么样的内劲、劲别和劲法。但内劲是主要的，居支配地位、起主导作用。练不出内劲来，招势动作就不好使，不管用，达不到预期效果。然而，内劲又不能脱离招势而独立存在，内劲要通过一定的招势才能表现、体现出来，没有招势，内劲就无法发挥作用。招式动作是有形的、固定的、不变的，内劲则是无形的、灵活的、变化的；招式动作是表象、是形式，内劲是内在、是本质。百招千招可提炼成一劲，内劲练好了，一劲可化为百招千招。与敌作战运用自如。

拆拳讲劲用招之后，需要勤学苦练，反复实践。武功是练出来的，但不是傻练多练，不是简单的重复，不是指练的遍数多，而是指所练的内容多，要有悟性，练一遍要有一遍的东西，练一遍有一遍的感悟才行，这才是多练。多练不单单是自己练，要与师父练，与师兄弟练，与拳友练。只有练熟了，才能用得上，略感牵强都不能用，只有熟中生巧，才能够举一反三，触类旁通，一招熟则招招熟，一处通则处处通。到了这个时候，身体高度协调了，体内产生的一以贯之的从不间断的内劲，敏感而灵动，用之即出与人作战出手便是，输赢立判。

到了实战的层面，就比较复杂了。实战可不是说打就打，打不了就跑那样简单。实战是讲战略战术的。第二次世界大战时期，纳粹德国之所以闪电般横扫亚欧大陆，除了作战勇猛、武器先进外，最主要的是战略战术，先高空侦查、高空轰炸，再炮兵做先锋、打头阵，然后，才是士兵在装甲、坦克的掩护下进攻等一系列战略战术的运用。我在写拆拳讲劲用招实战的过程中，并不是简单地只讲一招变化十招，十招变化百招的拆拳用招，也不是也没必要面面俱到地讲全面，而是对每个式子都有所侧重地讲，所讲内容是不同的，需要大家在其他式子里举一反三，触类旁通才行。同时也讲了临敌应战时的战略战术，讲了如何设置自己的三道防线并用好这三道防线；讲了怎样设局诱敌深入；讲了如何攻中有守、守中有攻、攻守兼备；讲了自己的实战战例及经验；讲了高矮胖瘦的人在用招时，哪些是适合自己的，哪些是不适合自己的，如何扬长避短、扬长克短、取长补短，灵活运用；讲了怎样以一敌众；讲了如何把握交手实战中的"度"；讲了怎样将八卦的步、形意的拳融入太极拳中为我所用；讲了十二经筋、轻重诀、虚实诀、吞吐诀、阴阳诀等等，只有将这些广博的武学文化内涵用于指导实践，只有将这些丰富的内容和经验综合地运用到实战中，才能保证打得赢，立于不败之地。这正是我试图写拆拳、讲劲、用招、实战的目的所在。

大道至简
——双人基本功训练

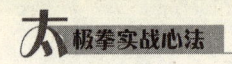

双人基本功训练是疏通经络、增强体质、增长功力的一种有效手段，是交手实战的必要步骤，是提高太极拳实战能力的金钥匙。通过双人基本功训练可以使手眼身法步发生质的飞跃，从而使踢打摔拿掷等技法、技击水平得到显著提高。

一、肩胸部训练

1. 两人相向站立，相间两步之距（图 3-1-1）。
2. 两人同时向正前方开右步，然后腰向左转发劲，使两人右胸肩部随腰左转相撞，随腰右转分开；左手成立掌，护在胸前，掌根与胸窝齐，掌中指与下颌齐，右手臂自然下垂，随腰左转逆缠（图 3-1-2）。

图 3-1-1　　　　　　　　　　图 3-1-2

3. 两人同时退回原处（图 3-1-3）。
4. 两人同时向正前方开左步，然后腰向右转发劲，使两人左胸肩部随腰右转相撞，随腰左转分开；右手成立掌，护在胸前，掌根与胸窝齐，掌中指与下颌齐；左手臂自然下垂，随腰右转逆缠（图 3-1-4）。
5. 两人同时退回原处（参见图 3-1-1）；再重复以上动作，如此循环，左右胸肩部各相撞 36 次为宜，也可根据身体状况相加减，灵活掌握。

图 3-1-3　　　　　　　　　　　　图 3-1-4

要点：立身中正，重心前移到位后，再转腰发劲，两胸肩相撞，否则重心不稳、不到位，易被对方所乘。其实相撞是看上去的表面现象，实质则是腿部缠丝劲传导至胸肩部位后，通过转腰发劲使双方胸肩部接触的瞬间咬合或是使双方胸肩部形成的瞬间相弹击，一弹即开。双人训练的所有动作，都要连贯，不间断地训练。以下其他训练的相撞也基本上同此式一样。注意切忌用肩尖撞人、顶人。此动作女拳手不宜。

二、肩背部训练

1. 两人相向站立，相间两步之距（图 3-2-1）。

图 3-2-1

2. 两人同时向左前方开右步，然后腰向右转发劲，使两人右肩背部随腰右转相撞，随腰左转分开；可左手成立掌，护在胸前，右手臂自然下垂，也可双手自然放下或相撞时双臂掤圆，灵活掌握（图3-2-2）。

3. 两人同时退回原处（图3-2-3）。

4. 两人同时向右前方开左步，然后腰向左转发劲，使两人左肩背部随腰左转相撞，随腰右转分开；双手可灵活摆放（图3-2-4）。

图 3-2-2

图 3-2-3

图 3-2-4

5. 两人同时退回原处（参见图3-2-1）；再重复以上动作，如此循环，左右肩背部各相撞36次为宜。也可根据身体状况相加减，依个人情况灵活掌握。

要点：开右步至两肩背部相撞时，腰先左后右转；开左步至两肩背部相撞时，腰先右后左转，要认真仔细体会。除肩胸部训练，女拳手不宜外，其他动作训练可以男女搭配进行。

三、胯部训练

1. 两人相向站立，相间两步之距（图3-3-1）。
2. 两人同时向左前方开右步，然后腰向右转发劲，使两人右胯部随腰右转相撞，随腰左转分开；可左手成立掌，护在胸前，右手臂自然下垂，也可右手成立掌，护在胸前，左手自然在下，还可双手自然放下或相撞时双臂掤圆，灵活掌握（图3-3-2）。

图3-3-1 　　　　　　　　　　图3-3-2

3. 两人同时退回原处（图3-3-3）。
4. 两人同时向右前方开左步，然后腰向左转发劲，使两人左胯部随腰左转相撞，随腰右转分开；双手可灵活摆放（图3-3-4）。
5. 两人同时退回原处（参见图3-3-1）；再重复以上动作，如此循环，左右胯部各相撞36次为宜。也可根据身体状况相加减，依个人情况灵活掌握。

图 3-3-3　　　　　　　　　　　　　图 3-3-4

要点：在开右步至两右胯相撞之间，腰先左后右转，再左转，连贯起来，即左—右—左；在开左步至两左胯相撞之间，腰先右后左转，再右转，连贯起来，即右—左—右。这个左右转换要认真仔细体会。其实，腰的左右转换也产生了胯、膝、腿部的缠丝，故也可称双人胯部缠丝训练。

四、膝部训练

（一）膝部外侧训练

1. 两人相向站立，相间两步之距（图 3-4-1）。

2. 两人同时向左前方开右步，然后腰向右转发劲，使两人右膝外侧随腰右转相撞，随腰左转分开；右手成立掌，护在胸前，左手臂自然在下，也可双臂掤圆，灵活掌握（图 3-4-2）。

3. 两人同时退回原处（图 3-4-3）。

4. 两人同时向右前方开左步，然后腰向左转发劲，使两人左膝外侧随腰左转相撞，随腰右转分开；可左手成立掌，护在胸前，右手自然在下，也可双手灵活摆放（图 3-4-4）。

5. 两人同时退回原处（参见图 3-4-1）。再重复以上动作；如此循环，左右膝部各相撞 36 次为宜。也可根据身体状况相加减，依个人情况

图 3-4-1　　　　　　　　　　图 3-4-2

图 3-4-3　　　　　　　　　　图 3-4-4

灵活掌握。

　　要点：与胯部训练同。在胯部训练与膝部训练之间，还有个大腿内、外侧的相撞训练，动作要领与膝、胯部训练相同。大家可穿插着训练。

（二）膝部内侧训练

　　1. 两人相向站立，相间两步之距（图 3-4-5）。
　　2. 两人同时向正前方开右步，然后腰向左转发劲，使两人右膝内侧随腰左转相撞，随腰右转分开；右手成立掌，护在胸前，左手臂自然在下随腰左转逆缠（图 3-4-6）。

145

图 3-4-5　　　　　　　　　　　　图 3-4-6

3. 两人同时退回原处（图 3-4-7）。

4. 两人同时向正前方开左步，然后腰向右转发劲，使两人左膝内侧随腰右转相撞，随腰左转分开；左手成立掌，护在胸前，右手自然在下随腰右转逆缠（图 3-4-8）。

图 3-4-7　　　　　　　　　　　　图 3-4-8

5. 两人同时退回原处（参见图 3-4-5）。再重复以上动作；如此循环，左右膝部各相撞 36 次为宜。也可根据身体状况相加减，依个人情况灵活掌握。

要点：转腰发劲时，要轻、要慢，两膝一定要合上，否则会造成膝盖疼痛，影响健康和训练。此劲不容易掌握，训练中如遇膝盖疼痛，就是没练对，应立即停止训练，寻求指导。

五、腿部训练

（一）小腿外侧训练

1. 两人相向站立，相间两步之距（图 3-5-1）。
2. 两人同时向左前方开右步，然后腰向右转发劲，使两人右小腿外侧随腰右转相挤相缠，随腰左转分开；右手成立掌，护在胸前，左手臂自然在下（图 3-5-2）。

图 3-5-1   图 3-5-2

3. 两人同时退回原处（图 3-5-3）。
4. 两人同时向右前方开左步，然后腰向左转发劲，使两人左小腿外侧随腰左转相挤相缠，随腰右转分开；左手成立掌，护在胸前，右手自然在下，也可双手灵活摆放，不拘一格（图 3-5-4）。

图 3-5-3 　　　　　　　　　　　图 3-5-4

5. 两人同时退回原处（参见图 3-5-1）。再重复以上动作，如此循环，左右小腿外侧各相缠相挤 36 次为宜。也可根据身体状况相加减，依个人情况灵活掌握。

（二）小腿内侧训练

1. 两人相向站立，相间两步之距（图 3-5-5）。

2. 两人同时向正前方开右步，然后腰向左转发劲，使两人右小腿内侧随腰左转相缠、相拧、相合，随腰右转分开；右手成立掌，护在胸前，左手臂自然在下随腰左转逆缠（图 3-5-6）。

图 3-5-5 　　　　　　　　　　　图 3-5-6

3. 两人同时退回原处（图 3-5-7）。

4. 两人同时向正前方开左步，然后腰向右转发劲，使两人左小腿内侧随腰右转相缠、相拧、相合，随腰左转分开；左手成立掌，护在胸前，右手自然在下随腰右转逆缠（图 3-5-8）。

图 3-5-7

图 3-5-8

5. 两人同时退回原处（图 3-5-5）；再重复以上动作，如此循环，左右小腿内侧各相缠相合相拧 36 次为宜。也可根据身体状况相加减，依个人情况灵活掌握。

要点：小腿外侧相挤相缠时，要轻缓、要慢，循序渐进。当小腿力量增长、体质增强、找到感觉后，再逐渐加速，否则容易造成两人的膝关节疼痛，影响训练；小腿内侧相缠相拧相合时，开步要小心、谨慎，否则容易造成两人小腿迎面骨相撞，疼痛难忍、难耐。

六、背部训练

1. 两人相背而立（图 3-6-1）。

2. 两人左手与对方右手、右手与对方左手指掌交叉而握，同时向正前方开左步，重心移至前腿；双手拉开与肩夹角大约 45°（图 3-6-2）。

图 3-6-1　　　　　　　　　　　　　图 3-6-2

3. 重心移至后腿，同时，两人后背部相撞，两手仍交叉而握，随背脊部相撞自然下行（图3-6-3）；然后再回至动作2（参见图3-6-2），如此循环，背部相撞36次为宜，也可根据身体状况而定。

图 3-6-3

要点：两人向前移重心时，双手尽量相拉、拔长，使身体有向前向外相挣之意；两人向后移重心使后背相撞时，要含胸拔背，背部夹脊处有向外凸起之意，以避免腰部相撞。身体强壮后也可腰部相撞，只是相撞时要轻缓，切忌腰部使劲用力相撞，以防损伤。此训练要领如同一个人撞大树一样，只是比撞大树安全舒服，效果理想，可使背部经络、腧穴通畅，尤其是锻炼了督脉、华佗夹脊穴等,增强阳气,好处多多。

七、前臂训练

1. 两人相对站立(图3-7-1)。
2. 两人同时开右步,右手从里向上向外顺缠划圆,在手臂外侧与对手相撞相弹击(图3-7-2),然后向里向下再向外逆缠划圆与对手相撞相弹击(图3-7-3)。相撞时,弹击点在前臂上或手腕处的大鱼际一侧。左手训练亦然。

图 3-7-1　　　　　　　　　　图 3-7-2

图 3-7-3

3. 右手从下向外向上逆时针划圆，先逆后顺缠与对手相撞相弹击（图 3-7-4），然后从上向外向下顺时针划圆与对手相撞相弹击（图 3-7-5）。相撞时，弹击点在前臂上或手腕处的小鱼际一侧。

图 3-7-4    图 3-7-5

4. 右手从里向上向外顺时针划圆与对手相撞相弹击回到动作 1（参见图 3-7-1），如此循环各相撞 36 次为宜。

5. 左手的训练与右手一样，只是动作对称，方向相反。

要点：在相撞相弹击的瞬间，腰胯拧转发劲，使腰臂同步，力大劲整。在相撞的同时，手部有向外、向回弹捌，向里、向回弹捋之意和感觉。训练到一定程度，手掌如刀片一般，切在敌臂上，疼痛难忍，使之惧怕。可定步，也可活步练习。

八、手臂训练

1. 甲乙两人相向站立（图 3-8-1）。

2. 两人同时向前方开右步，右手腕部外侧相粘黏；甲（着深色衣服者，下同）右手顺时针划大圆；乙（着浅色衣服者，下同）右手跟随逆时针划大圆，脚下活步顺时针走圆圈，步法可右脚上步左脚跟步走圆圈，也可左右两脚交替着走圆圈（图 3-8-2～图 3-8-5）。

大道至简——双人基本功训练

图 3-8-1

图 3-8-2

图 3-8-3

图 3-8-4

图 3-8-5

153

3. 甲乙两人相向站立。

4. 两人同时向前方开右步，右手腕部外侧相粘黏；乙右手顺时针划大圆，甲右手跟随逆时针划大圆，脚下活步顺时针走圆圈，步法可右脚上步左脚跟步走圆圈，也可左右两脚交替着走圆圈。与动作 2 同，只是甲乙动作互换而已。

5. 甲乙两人相向站立（图 3-8-6）。

6. 两人同时向前方开左步，左手腕部外侧相粘黏；甲左手逆时针划大圆，乙左手跟随顺时针划大圆，脚下活步逆时针走圆圈，步法可左脚上步右脚跟步走圆圈，也可左右两脚交替着走圆圈（图 3-8-7~图 3-8-12）。

图 3-8-6

图 3-8-7

图 3-8-8

图 3-8-9

图 3-8-10　　　　　　　　　　　　图 3-8-11

图 3-8-12

7. 甲乙两人相向站立。

8. 两人同时向前方开右步，左手腕部外侧相粘黏；乙左手逆时针划大圆，甲左手跟随顺时针划大圆，脚下活步逆时针走圆圈，步法可左脚上步右脚跟步走圆圈，也可左右两脚交替着走圆圈。与动作6同，只是甲乙互换而已。

要点：脚下的步法，根据手臂划圆的情况，可快可慢可大可小，关键是周身上下要走转协调。

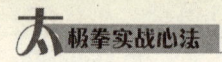

九、搬拦手训练

1. 甲乙两人相向站立（图3-9-1）。

2. 两人同时向前开右步，乙右手臂伸直与肩齐，左臂弯曲，左手成立掌护在脸前，左掌中指与鼻尖齐，甲两手成立掌，成搏击之状，右手稍前、稍上，中指与鼻尖齐，左手稍后稍下，护在胸前（图3-9-2）。

3. 甲右手迅速向下弹击乙右手（图3-9-3）；然后左手跟随右手也迅速弹击乙右手，同时右手迅速击打弹击乙右脖颈部（图3-9-4）。

图 3-9-1

图 3-9-2

图 3-9-3

图 3-9-4

4. 乙见甲右手打来，左手迅速向外向后弹击甲右手来拳，同时右手顺缠弹击甲的肩臂外侧，以助左手之力（图 3-9-5）。

图 3-9-5

5. 上动不停，甲乙双方继续循环以上动作，以一次性完成 300 次为宜，然后甲乙互换角色。

要点：在训练时，甲为进攻方，乙为防守方。甲的左右两手要协调配合，不仅一、二、三下，一气呵成，还必须做到瞬间完成，以保证速度和质量，并且要连续循环不间断至 300 次。乙的左手动作，在向外弹击的同时，一定要向后方捋带，不可向前方格挡、推挡。

搬拦手训练是本章的重中之重，是开启搏击之门的金钥匙，非下苦功训练不可。否则，无法保证在交手实战中应对自如、立于不败之地。

小　结

本章篇幅虽少，内容却弥足珍贵。它是方法，是步骤，是路径。俗话说"上天无梯，入地无门；老虎吃天，无从下口"就是这个道理。练太极拳也一样，找不到门道不行。撰写本章的目的就是让广大太极拳爱好者更快、更进一步地找到太极拳由浅入深，进行深造的路径。

本章内容，有针对听劲、懂劲的训练方法；有针对交手实战的训练方法；有针对手眼身法步的训练方法等。通过对本章内容的训练可以提高听劲的敏感性、灵动性，使你很快地达到懂劲程度，进而提高散手实战能力。通过训练使手眼身法步得到显著提升，就能在懂劲的程度上更上一层楼，进入到"知拍任君斗"的层次。

就本章内容总体而论，是以提升手眼身法步之训练为主兼修其他。为使太极拳修炼进一步登台阶上水平，我曾大量查阅前辈先贤武术大家有关这方面的论述。谈论手法的较多，论及身形、步法的也有，可惜的是唯独没有找到针对眼法训练的论述。因不明原委，故我也不能冒然谈论，留待以后专门论及。但，我可以肯定地告诉大家，本章内容已将眼法训练囊入其中，只需大家按要求、按规矩认真习练，我相信是一定能掌握得到的。其实，眼法训练至关重要，它是连接手法与身形、步法之间的桥梁和纽带。眼法训练出来了，身形，进，能跟得上；退，能撤得出来。随之，步法也就能自然快起来，就能够保证手顺利打到。正所谓：手到脚不到打人不得妙（瞎胡闹），手到脚也到打人如摧草。否则，手再快效果也不理想。敌手的一个瞬间动作，你根本觉察不到，非败不可，何谈赢人。

编辑征稿

当代社会，太极拳具有健身、养生、表演、修心、医疗、技击等多种价值。这些价值是随着社会的变迁而变化发展的。太极拳的技击价值在太极拳的当代多元价值中，已经成为一个较为专业的课题。我们无须指责大众群体以健身、养生为主要目的去习练太极拳，这是时代的选择，也是太极拳绵延发展、代代不息的群众基础。既然太极拳的技击价值是我们习练太极拳达到一定境界后的追求，那么我们就把它当作一个专业的课题进行专业的讨论，深奥的话题进行深奥的探究。"太极拳技击解密系列"目前所出的三本图书，是初步的探讨，是抛砖引玉，我们希望还有"之四""之五""之六"……越来越多的讨论加入进来。如果您有这方面的思考、体悟、探索、实践，并有较好的文字功底形诸于文字，欢迎投稿 58519374@qq.com。

图书在版编目(CIP)数据

太极拳实战心法/张武俊著. –北京：人民体育出版社，2017

(太极拳技击解密系列：3)
ISBN 978-7-5009-5081-3

Ⅰ.①太… Ⅱ.①张… Ⅲ.①太极拳–研究
Ⅳ.①G852.11

中国版本图书馆 CIP 数据核字（2016）第 300307 号

*

人民体育出版社出版发行
三河兴达印务有限公司印刷
新 华 书 店 经 销

*

787×960　16开本　10.75 印张　157 千字
2017 年 8 月第 1 版　2017 年 8 月第 1 次印刷
印数：1—5,000 册

*

ISBN 978-7-5009-5081-3
定价：32.00 元

社址：北京市东城区体育馆路 8 号（天坛公园东门）
电话：67151482（发行部）　　　邮编：100061
传真：67151483　　　　　　　　邮购：67118491
网址：www.sportspublish.com
（购买本社图书，如遇有缺损页可与邮购部联系）